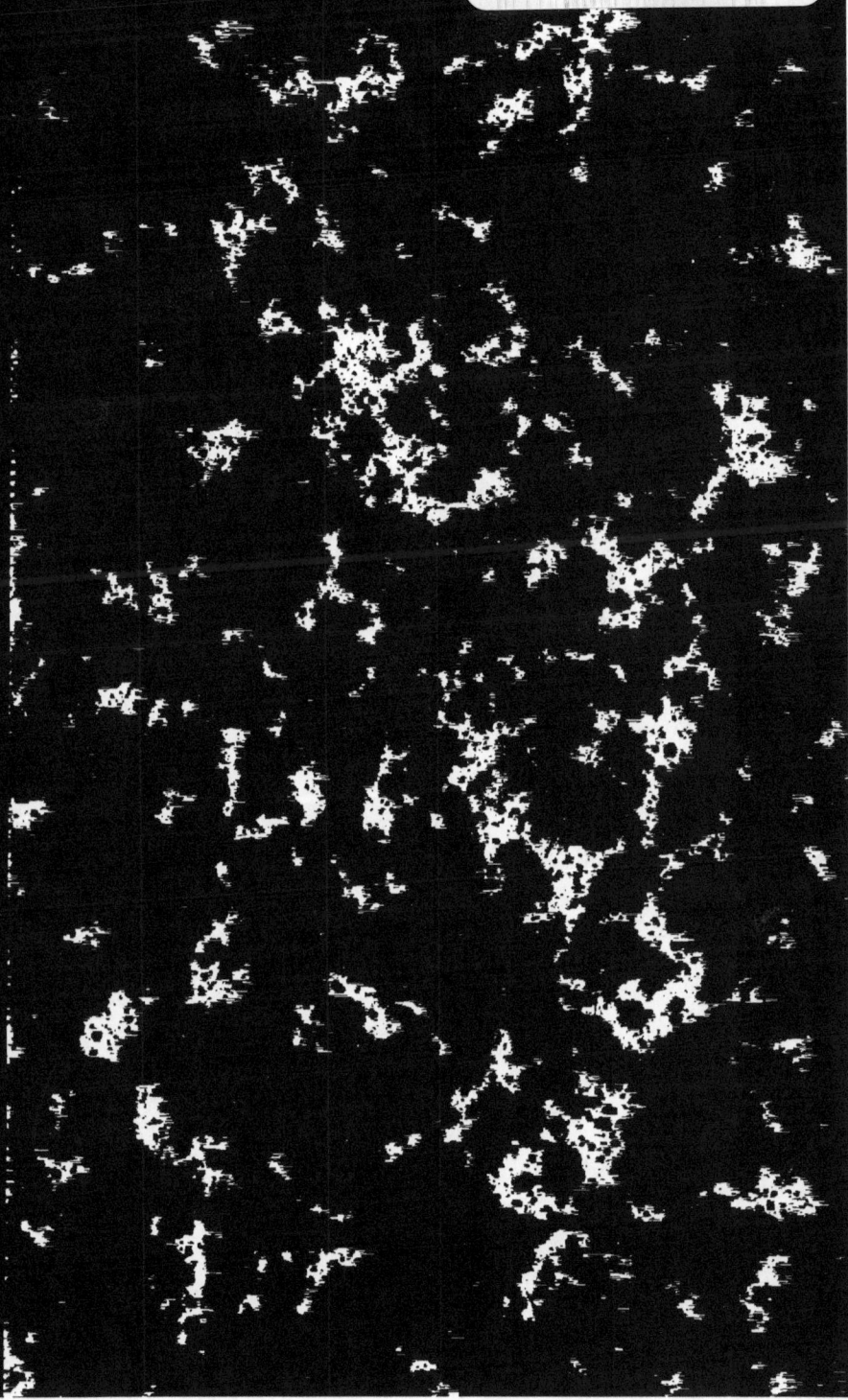

LE

COMBAT DES TRENTE.

4e SÉRIE GRAND IN-8o.

LE
COMBAT DES TRENTE

SUIVI

DE L'HISTOIRE

DE JEHAN LEQUINIO

PAR P. LAVAYSSIÈRE.

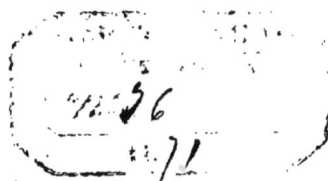

LIMOGES,

Eugène ARDANT et C. THIBAUT,

ÉDITEURS.

INTRODUCTION.

Le combat des Trente a été raconté par divers historiens, et même dans un poème, retrouvé à la bibliothèque nationale, qui mentionne ce combat glorieux
pour les Bretons. Des historiens ont prétendu que le
combat ayant eu lieu à pied, l'action de l'écuyer de
Montauban, qui sauta sur un cheval pour se jeter dans
la mêlée, fut une action déloyale, parce que les autres
combattants étaient à pied.

Examinons la valeur de ce reproche, et nous com-
prendrons qu'il était impossible que les combattants
ne fussent pas à cheval : quand soixante-deux combattants, après une lutte aussi longue qu'acharnée, ne
perdent que huit hommes, on comprend qu'ils étaient
couverts d'armes d'une force et d'une pesanteur qui ne

leur permettaient pas de soutenir un si long combat à pied. Voici ce qui couvrait un chevalier cuirassé : 1° un vêtement de corps; 2° un plastron de fer ou d'acier battu ; 3° le gabesson ou gambesson, pourpoint fort long en cuir, bourré de laine, d'étoupe ou de crin; 4° la cotte de mailles de fer double ; 5° la cotte d'armes, ordinairement fourrée et chargée d'emblêmes (1).

Ajoutez à cet attirail, nécessairement très pesant, le poids d'une lourde lance, d'une épée à deux mains, d'une hache d'armes très lourde et d'une dague pour le combat corps à corps, et vous comprendrez que des hommes ainsi chargés de fer ne pouvaient pas soutenir une lutte de cinq à six heures en faisant des efforts violents pour frapper et parer les coups. Le petit nombre des morts prouve donc jusqu'à l'évidence que les combattants commencèrent la lutte à cheval, et que l'action de l'écuyer de Montauban ne fut pas déloyale.

On objecte encore que ce sont les seuls historiens bretons et français qui ont rapporté cette mémorable lutte, mais que les historiens anglais n'en ont point parlé. Ce n'est pas une objection : si les Anglais avaient eu le dessus, tous leurs historiens se seraient empressés de vanter cette victoire; mais la morgue vaniteuse des Anglais leur a fait trouver plus simple de passer sous silence un fait peu favorable à leur orgueil national.

---

(1) Le casque était aussi en fer ou en acier battu, avec une visière en mailles de fer, le tout si résistant, que les armes offensives ne pouvaient l'entamer.

Ce que nous avons extrait des manuscrits inédits de dom Pézeron nous a paru composer un récit dont la simplicité atteste une tradition nationale, entièrement dépourvue de tout ce qui tend à exagérer les faits et à leur donner du relief par un récit qui a pour but de faire de l'effet, et à briller par la diction.

Le savant Bénédictin dom Pézeron laissa de nombreuses chroniques sur l'histoire nationale de la Bretagne. Il aimait à relater, ainsi qu'il le dit, les faits illustres ou remarquables des grands seigneurs du duché de Bretagne, voire même ce qui faisait honneur aux manants et au populaire des villes.

C'est pour cela qu'il a laissé une courte histoire de Jehan Lequinio, fils de manant, et qui figure comme guetteur dès le premier chapitre de son récit du combat des Trente.

Le titre de « Histoire de Jehan Lequinio, fils de manant, » attira notre attention, après avoir extrait de ce récit tous les documents qui nous ont servi à composer le combat des Trente. Au fur et à mesure que nous avons parcouru cette histoire, notre intérêt s'est accru et nous avons jugé nécessaire de la mettre à la suite du combat des Trente. En effet, cette histoire se lie non-seulement à ce combat, mais encore à la lutte acharnée entre Charles de Blois et Jean de Montfort, et fait ressortir l'importance qu'avaient à cette époque, qui ne connaissait pas l'imprimerie, les copistes et les enlumineurs. En y réfléchissant, on sent que la science et les lettres ont dû leur conservation et leur développement aux études et aux travaux des moines dans le silence des cloîtres, où ils faisaient plus pour l'humanité et la civilisation que ces guerriers bardés de fer et ne rêvant que combats, dont l'histoire s'est plu à exalter les hauts faits.

Si les moines n'ont pas empêché l'ignorance de peser longtemps encore sur notre Europe, ils ont du moins hâté de plusieurs siècles une civilisation éclairée, en conservant une partie des chefs-d'œuvre de l'antiquité, qui avaient échappé aux ravages des barbares, et que la profonde ignorance qui régna durant tant de siècles eût certainement laissé périr. L'histoire de Jehan Lequinio finit à la bataille d'Auray, où la cause de Charles de Blois succomba avec lui.

LE

COMBAT DES TRENTE.

Vers la fin de février 1350, si un voyageur avait parcouru la contrée qui environnait les places fortes de la Roche-Derrien, de Josselin et de Ploërmel, ses regards eussent été attristés par l'aspect désolé des campagnes. Là où s'élevaient des manoirs et des villages, ne restaient plus que des ruines, des cendres et des moissons foulées aux pieds des chevaux, en un mot une désolation générale. Les Anglais avaient opéré ces destructions. Sur la surface des landes apparaissaient çà et là quelques rares troupeaux de vaches maigres, de petits moutons et de chèvres vagabondes, cherchant une chétive nourri-

1.

ture sous les bruyères, les genêts et les ajoncs épineux. De pauvres petits pâtres les gardaient, se tenant à l'abri des touffes de bruyères et de genêts, comme s'ils avaient craint un danger.

Cependant une trève avait été conclue entre les partisans de Charles de Blois et de Jean de Montfort, qui se disputaient la possession du duché de Bretagne. Mais au mépris de cette trève, la garnison anglaise de Ploërmel, commandée par le capitaine Bembrough, continuait de faire des incursions dans la contrée, et de tout ravager sur son passage. Jean de Montfort les avait appelés comme auxiliaires et semblait tolérer tous les excès qu'ils commettaient.

C'était le 17 février; au sommet d'un de ces rares châtaigniers qui croissent dans les plis du terrain des landes, un jeune gars d'environ quinze ans se trouvait établi dans l'embranchement de deux rameaux. Il portait, aussi loin que pouvait s'étendre sa vue, des regards inquiets sur la surface des landes. A quelque distance, des têtes de jeunes pâtres se levaient au-dessus des hautes bruyères et se tournaient vers le guetteur établi sur le châtaignier, et semblaient attendre un signal. C'est que, en effet, celui qui s'y trouvait perché avait pour mission de les prévenir si quelque danger s'approchait, c'est-à-dire si quelque troupe de maraudeurs anglais ne pointait pas à l'horizon.

Cependant des chiens au poil fauve et hérissé, au museau pointu, aux oreilles dressées, bondissaient au-dessus des bruyères, et allaient ramener les pièces de bétail qui s'écartaient du gros du troupeau. Le soleil descendant à l'horizon, ses rayons obliques glissaient à la surface des landes, dont ils éclairaient la nudité et leur apparente solitude.

Rien n'est plus mélancolique qu'un coucher du soleil dans ces contrées si monotones et si stériles. Rien ne porte plus l'âme à la tristesse et à la méditation. L'esprit du jeune guetteur était en ce moment plus alerte que mélancolique, plus éveillé que rêveur. Bien au-delà des limites des landes, vers l'ouest, au-dessus de la ceinture d'arbres où commencent les terres fertiles, de gros nuages de fumée montaient dans l'atmosphère, se roulant les uns sur les autres de bas en haut, absolument comme les puissantes lames de l'Océan se déroulent les unes sur les autres, quand la violence des vents de l'ouest les lance contre les rochers de granit qui protègent les côtes de la vieille Armorique. Puis des éparpillements d'étincelles traversent ces nuages de fumée, rougis par les rayons obliques du soleil ; puis enfin des langues de flammes s'élancent et sèment de nouvelles étincelles qui retombent sur celles qui s'éparpillent encore.

— Ar saos! cria le jeune gars. Ces mots signifient :

l'ennemi; on ne désigne pas les Anglais par un autre nom.

A ce cri, tous les pâtres se lèvent et accourent au pied de l'arbre. Bientôt ils sont perchés sur les branches les plus élevées et portent leurs regards vers le lieu désigné par le guetteur.

— Jehan, dit l'un d'eux au guetteur, tout a été dévasté et brûlé dans la contrée, sauf le manoir de Monnelec. M'est avis que c'est lui qui brûle ce soir.

Celui à qui ces paroles étaient adressées ne répondit point. Son attention venait d'être attirée d'un autre côté. Il venait de découvrir un homme qui s'avançait précipitamment sans trop s'écarter de la lisière des bois.

— Ce n'est pas un soudard, dit-il; ses armes brilleraient au soleil; ce n'est pas non plus un manant. Ah! s'écria-t-il, c'est un messire prêtre ou un moine! Regardez donc, vous autres; et il indiquait de la main le point où il venait de l'apercevoir.

Les yeux habitués à se promener sur de vastes espaces comme ceux des landes et de l'Océan, sont plus perçants que ceux qui ne voient que des horizons bornés. Aussi tous les petits pâtres s'écrièrent :

— C'est un messire de l'église, Jehan, envoie-lui donc un son de trompe; il vient de s'arrêter, il a l'air inquiet.

— Oui, Jehan, dirent les autres; sonne bien, il

comprendra que ce n'est pas l'Ar saos qui l'avertit de sa présence.

La corne de bœuf qui servait de trompe à Jehan rendit trois sons lents et mélancoliques qui furent entendus, car l'homme auquel ils étaient adressés s'arrêta tout-à-coup et se tourna du côté du châtaignier, où il dut remarquer autre chose que des branches et des feuilles. Sans balancer il s'avança rapidement vers les pâtres, qui s'étaient laissés glisser à terre.

—Hâtez-vous de rassembler les troupeaux, dit Jehan; poussez-les rapidement dans les bois; je crains que l'Ar saos ne soit à la poursuite de ce bon religieux; et sans attendre de réponse, il courut lui-même au-devant de lui.

Ce fut le bonnet à la main qu'il l'aborda avec respect.

— Messire, lui dit-il, que faut-il faire pour vous?

Le religieux, car les petits pâtres ne s'étaient point trompés, lui répondit rapidement :

— Il faut, mon ami, m'indiquer un asile où je puisse trouver quelques heures de calme et de repos.

— Que votre révérence me suive, lui dit Jehan en prenant la route que suivaient les autres pâtres en chassant les troupeaux devant eux.

Bien certainement, une grande crainte agitait le

religieux, car à chaque instant il tournait ses regards en arrière.

Quand ils eurent atteint les pâtres, ceux-ci se découvrirent en silence et écartèrent les troupeaux du sentier battu pour laisser le passage libre.

— Pauvres enfants, dit le religieux en voyant les haillons que recouvraient des peaux de chèvres en lambeaux, ils ressentent aussi les calamités de la guerre.

A l'instant où ils pénétraient sous le couvert des bois, les derniers rayons du soleil s'éteignaient à la cime des arbres, et la nuit se faisait plus promptement que sur les landes. Jehan marchait en avant, toujours la tête découverte, et les cheveux flottant sur ses épaules.

— Enfant, lui dit le religieux avec bonté, mets ta tête à l'abri de l'humidité, je sens que nous approchons de bas-fonds marécageux. Hélas! se dit-il en lui-même, la guerre civile ne laisse plus aux pauvres gens d'asile que la profondeur des bois et des marécages; elle chasse les grands de leurs manoirs, quand elle ne les massacre pas ou ne les réduit pas à la captivité.

Ils descendaient effectivement vers une vallée profonde où les eaux de source et de pluie, faute de débouché, formaient un marécage très étendu.

— Les grands cavaliers de l'Ar saos, lui dit le

pâtre, ne viendront pas nous chercher ici pour nous enlever nos troupeaux et nous tuer; ils enfonceraient dans la boue, et ce serait bien heureux!

— Garçon, dit le religieux d'un ton presque sévère, il ne faut jamais souhaiter mal à autrui; ne sais-tu pas que ton *Pater* demande que Dieu nous pardonne comme nous pardonnons à ceux qui nous ont offensés?

Jehan s'arrêta, se tourna vers le religieux, tout étonné qu'il était de l'entendre dire qu'il fallait pardonner même à l'Ar saos. Il allait sans doute exprimer cet étonnement par des paroles, quand il entendit les aboiements d'un chien.

— Le père Lequinio vient au-devant nous, dit-il, il est inquiet, car la nuit arrive.

Il mit en même temps la trompe à sa bouche et en tira trois sons retentissants.

Un autre son de trompe lui répondit, et presque aussitôt un chien vint se précipiter entre les jambes du jeune gars, qui le caressa de la main; mais l'animal, ayant aperçu un étranger, gronda sourdement.

— Paix, Nayo, paix, c'est un bon religieux. Comme si le chien l'eût compris, il s'approcha du religieux d'un air soumis et caressant.

— Il faut que ce soit un saint homme, se dit en lui-même Jehan, car Nayo n'est pas mignon avec ceux qu'il ne connaît pas.

Le père, que Jehan avait nommé Lequinio, arriva presque aussitôt; quoiqu'il fît un peu sombre, il aperçut sur-le-champ l'étranger et jugea de sa qualité par ses habits. S'en approchant avec respect, il lui dit :

— Il est donc vrai que les hommes du bon Dieu ne trouvent même pas grâce devant les dévastateurs de notre pauvre Bretagne !

— Oui, reprit le religieux ; il y a quelques heures que le manoir de Monnelec est en feu, ses habitants égorgés ou en fuite : Dieu a permis que j'échappasse au carnage, et je viens vous demander un asile pour cette nuit seulement.

— Un asile, messire, répondit Lequinio, vous le trouverez ici aussi longtemps que vous le voudrez; mais quel est-il, bon Dieu! pour un homme d'église comme vous?

— Je n'ai point à le choisir, répondit tristement le religieux; je n'ai qu'à remercier la divine Providence qui m'a fait rencontrer un homme tel que vous. Mais, ajouta-t-il en voyant les tristes vêtements qui couvraient Lequinio, je crains d'être à charge sous votre toit.

— Sous notre toit, messire! Hélas! tout misérable qu'il était auparavant, les Anglais nous ont contraints de le fuir et de nous réfugier dans ces marais : nous nous y tenons cachés depuis trois se-

maines,- attendant et espérant que nos braves
seigneurs viendront chasser ces affreux Ar saos.
L'abri que nous pouvons vous offrir n'est composé
que de branchages : votre lit sera de bruyères et de
feuilles sèches. Quant aux aliments, ah! messire, ils
sont bien peu dignes de vous! de la bouillie de
blé noir, des racines et le lait caillé de notre petit
troupeau.

En parlant ainsi, ils avaient atteint la partie la
plus élevée du marais : au milieu de hauts blocs de
pierres, le religieux, à la lueur d'un feu de broussailles, aperçut un groupe de vieillards, de femmes
et d'enfants, qui réchauffaient leurs membres en-
gourdis par l'humidité du soir.

Tous se levèrent respectueusement à sa vue, et
lui firent une large place devant le brasier. Aux environs et entre les intervalles des pierres, des pieux
supportaient des branchages qui formaient des toits
recouverts de joncs et de bruyères, faible préservatif
contre le froid et la pluie.

Si le religieux n'eut pas un souper bien réconfor-
tant, en revanche il y eut un grand empressement à
le servir et tous les témoignages dus à son caractère.
Malgré les distractions de son esprit, il remarqua
que ses hôtes, qui s'étaient mis à l'écart, n'avaient
que de bien petites portions d'aliments. Son cœur en
souffrit ; c'était pour lui que les portions avaient été

diminuées; il fit signe à des enfants d'approcher, et leur distribua la moitié de ses aliments. Lequinio ne le remarqua pas d'abord, mais en voyant les enfants plonger leurs cuillers de bois dans la jatte du religieux, il s'écria :

— Ah ! messire, que faites-vous? ces gas sont habitués à supporter la faim; mais un saint prêtre comme vous ne doit jamais la souffrir chez des gens qui peuvent lui fournir un pauvre aliment; n'êtes-vous pas l'homme du bon Dieu?

— Mon frère, dit le religieux, les disciples doivent imiter l'exemple du divin maître : il ne gardait rien pour lui.

A l'instant arriva le jeune Jehan. Il était tout joyeux, le brave gars : sachant que ses parents n'étaient pas pourvus d'aliments dignes de leur hôte, il avait songé aux filets tendus dans la partie la plus libre du marais, et en rapportait plusieurs poissons.

— Père, dit-il en lui présentant ces poissons, voilà pour messire le religieux. Et, sans attendre de réponse, il se mit à ouvrir et vider le poisson.

— Dieu soit loué, dit le religieux, vous pourrez au moins vous restaurer plus amplement; quant à moi, je le suis assez. Malgré les plus instantes prières pour lui faire accepter le plus gros des poissons grillés, ces braves gens, au cœur si ouvert, ne purent le décider à l'accepter.

— Non, non, leur dit-il, achevez votre repas ; je jouis plus en vous le voyant prendre, que si, pour me satisfaire, je vous enlevais la plus forte portion.

Pendant ce temps-là, des femmes préparaient, à l'abri d'un rocher, sous un couvert de feuillages, la couche la plus molle possible pour le religieux.

Celui-ci, touché de toutes ces attentions, en remercia ses hôtes, et les ayant réunis autour de lui, il récita à haute voix la prière du soir ; il y ajouta ces paroles :

— Grand saint Yves, protecteur de la Bretagne, tu vois ici réunis quelques-uns de ses malheureux enfants, prends pitié de leurs souffrances, et obtiens du souverain de la terre et du ciel qu'ils puissent rentrer sous la protection d'un seigneur assez puissant pour les mettre à l'abri de la fureur de nos ennemis !

Quand chacun se fut retiré sous son abri, le religieux et le vieux Lequinio s'entretinrent à voix basse de ce qu'ils feraient le lendemain. L'intention du religieux était de se rendre au château fortifié de Kéralio ; mais la distance était grande, et il fallait passer devant des places au pouvoir des Anglais.

— Nous avons aussi l'intention, dit Lequinio, d'aller y chercher un asile ; grand nombre de manants s'y sont déjà retirés. Le bruit court que ces bons Pères ouvrent leurs portes aux pauvres manants chassés par l'Ar saos.

— Comment espérez-vous arriver jusqu'au monastère de Kéralio? demanda le religieux, vous êtes trop nombreux pour passer inaperçus dans le voisinage des Anglais.

— Messire, répondit Lequinio, nous ne pouvons pas rester plus longtemps dans ce marais; déjà deux des nôtres y sont morts de maladie; nous devons tout tenter pour chercher un autre asile. Mon frère est parti ce matin pour explorer le pays, et choisir les retraites qui peuvent se rencontrer sur notre route; nous marcherons la nuit et nous nous reposerons le jour. Les nuits ne plaisent point à nos ennemis : la contrée ayant été ravagée, nous espérons que les Anglais n'y reviendront pas de sitôt.

— Pensez-vous que votre frère soit bientôt de retour? demanda le religieux.

— Il est jeune et bon marcheur, messire; je l'attends demain au plus tard, s'il ne lui est point arrivé malheur : alors nous saurons quel parti il faudra prendre. Mais, messire, puisque vous voulez vous rendre au même monastère que nous, il est bon que nous ne vous y accompagnions pas : notre nombre et la marche lente de notre troupeau seraient pour vous plus dangereux que si vous marchiez avec un seul compagnon. Mon frère vous accompagnera, et, si vos forces vous le permettent, en un ou deux jours vous arriverez au monastère de Kéralio.

Le religieux approuva ce plan, et ils allèrent se reposer.

---◦❖◦---

II. — Dom Gilbert, guidé par le jeune Lequinio, se met en route. — Petits événements. — Grande frayeur; rencontre imprévue. — Intelligence de Hugonnet; son dévoûment. — Le sire de Tinténiac et sa troupe. — Accueil courtois fait à dom Gilbert. — Récit de ce dernier; ils sont conduits, sous la protection de Tinténiac, à Josselin. — Même protection promise à la famille Lequinio.

Le jour suivant, le religieux que nous nommons dom Gilbert fut éveillé par les beuglements des bœufs, que la faim poussait à retourner sur les landes. Les prêles, les joncs et les autres plantes aquatiques du marais ne leur convenaient pas autant que la petite herbe parfumée qui poussait sous les bruyères. Il se leva de dessus son humble couche, fit une longue prière, et attendit que la décence lui permît d'entrer dans le campement. Lequinio le prévint et lui fit connaître le retour de son frère.

— Il s'est rendu, dit-il, à peu de distance du monastère de Kéralio, et s'est arrêté là où il a enfin trouvé quelques habitations; mais sur le parcours de sa route, il n'a vu que des campagnes désertes, des manoirs et des chaumières rasés ou consumés par le feu. La rare population de cette contrée, ayant refusé d'acheter par des contributions la permission d'ensemencer leurs champs et d'en enlever les récoltes, l'Ar saos a tout détruit, la campagne est absolument désolée. Après ses ravages qu'il n'a osé étendre jusqu'à Kéralio, défendu par de bonnes murailles et une forte garnison, il s'est retiré à Ploërmel, redoutant une rencontre avec la garnison de Josselin, quoique une trêve ait été jurée entre le parti de Charles de Blois et celui de Jean de Montfort. Ainsi, messire, nous pouvons nous acheminer vers le monastère de Kéralio; mais pour les raisons que j'ai fait valoir hier au soir, je désire que vous partiez sans nous attendre, mon frère vous servira de guide. Hier, en revenant vers nous, il a trouvé un cheval errant dans la campagne; ce cheval vous servira de monture et vous arriverez rapidement au monastère. Je vous prie, au nom du benoît saint Yves, d'obtenir de messire le prieur de Kéralio un asile pour nos femmes et nos enfants.

Après un instant de réflexion, dom Gilbert lui dit :

— Je vais partir, mon bon Lequinio, et je vous promets d'intéresser à votre sort le digne prieur de Kéralio.

— Veuillez attendre le retour de nos gars, dit Lequinio ; ils sont allés visiter leurs piéges et leurs filets, et peut-être pourrons-nous vous offrir une nourriture plus substantielle que celle d'hier au soir. Les femmes sont occupées à traire nos vaches et nos chèvres, une écuellée de lait chaud vous restaurera en attendant le retour des gars. Bonne sainte Vierge, quelle nourriture avons-nous donnée à un saint homme comme vous!

Il est évident que dom Gilbert sentait le besoin de se restaurer, après le jeûne de la veille, et sur le point d'entreprendre une assez longue route. Il attendit donc la tasse de lait chaud sur laquelle il comptait plus que sur la chasse des gars de Lequinio.

Ils arrivèrent peu après, les braves gars, apportant trois lapins et un lièvre. La joie illumina le visage de Lequinio : son hôte allait prendre un bon repas.

Laissons les femmes s'occuper de la cuisine improvisée, et faisons connaissance avec le jeune frère de Lequinio. Il se nommait Hugonnet, et pouvait avoir de vingt-cinq à trente ans. Quoique de petite taille, il était vigoureusement taillé, comme on dit encore en Bretagne ; sous sa peau de chèvre, sous son bonnet de laine d'où s'échappaient de longs cheveux bruns, Hugonnet avait quelque chose de distingué dans la figure et de résolu dans les yeux. Dès qu'il avait appris qu'il fallait guider un religieux vers le monastère do Kéralio, oubliant les fatigues de la veille il s'était préparé au départ. Le cheval se trouvait être de haute taille, et harnaché comme celui d'un homme d'armes : probablement que son maître avait péri dans une de ces excursions que les Anglais faisaient autour de Ploërmel, et qu'il s'était écarté dans les landes.

— Il faut nous hâter, messire, dit-il à dom Gilbert ; la nuit est basse et sombre, il sera bon peut-être de trouver un abri vers le milieu du jour, et il nous faut six heures de marche avant d'arriver à celui que j'ai indiqué à ma famille.

Muni de quelques provisions de bouche, dom Gilbert se mit en route, après avoir entendu les souhaits de ces pauvres manants, qui oubliaient leur position si précaire pour ne penser qu'aux fâcheuses rencontres que pourrait faire le bon religieux.

Armé d'un lourd bâton (pen-bas), Hugonnet prouva à dom Gilbert que Lequinio avait eu raison de lui dire que son frère était un vigoureux piéton. Ce fut d'un pas allongé et rapide qu'il précéda la monture de dom Gilbert, obligé de prendre le trot pour le suivre.

— Mon ami, lui cria le religieux, vous allez épuiser vos forces, ralentissez le pas.

Hugonnet se retourna en souriant, et lui répondit :

— Ah! messire, pour vous servir j'en ai de reste ; et il reprit son trot allongé.

Tout-à-coup il s'arrêta, comme un limier qui aurait le pressentiment de quelque danger.

— Que découvrez-vous, Hugonnet ?

— Messire, je crois avoir entendu le hennissement d'un cheval. Les manants n'en ont guère. Dirigez-vous vers ces bas-fonds à gauche, abritez-vous derrière les buissons.

Dom Gilbert suivit ce conseil ; mais voyant que Hugonnet ne le suivait pas, il lui cria :

— Mettez-vous donc aussi à l'abri du danger, si vous prévoyez qu'il y en ait dans le voisinage.

— Messire, je crains pour vous et non pour moi ; j'ai promis de protéger votre personne pendant la route, hâtez-vous de descendre dans la vallée.

Presque au même instant des hennissements de chevaux furent entendus à une faible distance. Mais comme le ciel était sombre et le terrain accidenté, Hugonnet ne put découvrir des cavaliers dans les landes. Malheureusement la monture de dom Gilbert s'arrêta court, et répondit par un vigoureux hennissement à ceux qu'elle avait entendus.

— Ah! sainte Notre-Dame d'Auray, se dit Hugonnet, si ce sont les Ar saos qui approchent, le saint homme est perdu ; le cheval qu'il monte vient de

2.

l'autre côté de l'eau ; il appartient à un de leurs hommes d'armes, tué ou démonté.

Il se mit à courir après dom Gilbert, prit le cheval par la bride et le guida rapidement dans la vallée.

— Descendez, messire, cherchez un abri dans ces broussailles et attendez mon retour.

Sautant aussitôt sur le cheval, il le lança vers la lande, puis, se laissant glisser à terre, il descendit en rampant vers la vallée. Le calcul de l'intelligent Hugonnet se trouva juste ; il s'était dit : Dès que le cheval sera abandonné à lui-même, il ira rejoindre les autres. En le voyant sans cavalier, que ce soient des gens de Montfort ou de Blois qui le rencontrent, ils croiront que la bête s'est échappée dans les landes, et ne soupçonneront pas que nous sommes cachés dans ces broussailles. Probablement que les choses allaient ainsi tourner; mais dom Gilbert avait laissé, dans une petite valise attachée derrière la selle, le peu d'objets qu'il avait pu sauver en fuyant du manoir en feu de Monnelec. Or, ces effets ne pouvaient appartenir qu'à un homme d'église. C'étaient des manuscrits enluminés de portraits de saints et de saintes.

Les cavaliers vers lesquels le cheval, maître de ses mouvements, s'était dirigé, se hâtèrent d'éventrer la valise, espérant y trouver des objets de valeur. Leur dépit fut grand quand ils ne virent que ces minces objets qui ne pouvaient leur servir à rien.

Le sire de Tinténiac, qui les commandait, ayant ouvert le manuscrit et voyant les saintes gravures, s'écria :

— Mais ceci doit appartenir à un homme d'église, ou du moins à un clerc que les Anglais ont dépouillé et probablement tué; ils ne doivent pas être loin. En avant, et sus aux Anglais violateurs de la trève !

Le sire de Tinténiac tenait pour Charles de Blois, et l'on a déjà vu que les Anglais combattaient pour Jean de Montfort.

De Tinténiac et sa troupe battaient alors la campagne pour s'assurer que les plaintes au sujet des rapines et des dévastations commises par les Anglais, étaient aussi fondées que l'affirmaient les manants et autres gens réfugiés à Josselin.

Le terrain était un peu humide, les pieds du cheval monté par dom Gilbert y avaient laissé deux traces, l'une descendant à la vallée et l'autre en sortant. Ce fut un indice pour les cavaliers. Les Anglais devaient être cachés, ou en embuscade derrière ces halliers épais. Ce fut donc avec précaution qu'ils descendirent dans la vallée. D'autres empreintes, mais celles-ci de pas d'hommes, les dirigèrent vers le buisson derrière lequel dom Gilbert et Hugonnet s'étaient abrités.

Hugonnet dit vivement à dom Gilbert :

— Messire, pénétrez dans le plus épais du buisson et ne bougez pas plus que si vous étiez mort.

— Mais vous, que prétendez-vous faire?

— La seule chose qui puisse vous sauver, si ce sont des ennemis.

— Expliquez-vous, Hugonnet, je l'exige.

— Je vais aller au-devant de ces gens, quels qu'ils soient; je leur dirai que hier j'ai rencontré ce cheval sur la lande, et que je l'ai monté pour aller à la recherche de ma famille dispersée. Je leur ferai observer que si je ne m'en étais emparé, il serait devenu la proie des loups durant la nuit. Après cela, il m'arrivera ce que voudra le bon Dieu; les cavaliers s'éloigneront de ce lieu, et vous pourrez continuer votre route en tirant toujours vers le nord.

Le brave garçon prononça ces dernières paroles avec une émotion visible; dom Gilbert allait lui faire quelque objection, quand Hugonnet lui dit à voix contenue :

— Ils arrivent, entrez dans le buisson; et en même temps il s'avança vers les cavaliers qui descendaient dans la vallée.

— Un manant, s'écrièrent les premiers qui l'aperçurent; arrive ici; d'où viens-tu? qui es-tu? à quel seigneur appartiens-tu?

— Je suis le vassal du sire de Raguenel, dont un

des manoirs a été dévasté il y a près d'un mois par
les Anglais; depuis ce temps, ma famille est dispersée dans les bois et dans les marais, répondit-il
sans paraître troublé.

— Sais-tu, lui demanda le sire de Tinténiac, à qui
ce cheval appartient?

— Non, messire, je l'ai trouvé errant sur les landes. Je m'en suis emparé parce qu'il eût été infail-
liblement dévoré par les loups pendant la nuit.

— Comment se nommait le manoir dont tu dé-
pends? demanda vivement le cavalier.

— On le nommait le manoir du Hautoir, aujour-
d'hui il a nom le manoir brûlé.

Le même chevalier fit entendre une violente ex-
clamation :

— C'est le manoir de mon frère cadet. Tinténiac,
n'allons pas plus loin pour constater la violation de la
trêve et les déprédations des Anglais.

— Manant, sais-tu de quel côté nous pourrions les
trouver? demanda le sire de Tinténiac; notre devoir
est de tirer vengeance de leurs méfaits!

Hugonnet s'était aperçu qu'il était au pouvoir des
partisans de Charles de Blois, dont son seigneur et
maître suivait la bannière. Bannissant toute crainte
pour dom Gilbert et pour lui, il répondit :

— Le bon religieux caché dans ces broussailles
vous le dira mieux que moi, messire, il s'est sauvé

avant-hier du manoir de Monnelec, que les Anglais
ont incendié.

— Par le grand saint Yves, s'écria de Tinténiac.
ils paieront au double cette nouvelle déprédation.
Oh là ! messire le religieux, venez à nous sans
crainte, nous tenons pour le pieux Charles de Blois,
nous vous emmènerons en lieu où les Montfort et
leurs alliés ne viendront pas vous chercher.

Dom Gilbert, qui avait pu entendre une partie de
la conversation, se hâta de s'avancer vers les cavaliers, qui lui firent un accueil courtois, et lui demandèrent le récit de ce qui s'était passé lors de l'incendie du manoir de Monnelec; il le fit en ces termes :

— L'intendant de monseigneur était seul au manoir, quand une troupe de cavaliers anglais y arriva
à l'improviste ; de la petite tourelle que j'habitais
j'entendis de grandes vociférations et des cris, des
plaintes et un bruit terrible. Epouvanté, je me sauvai
par la poterne et gagnai la forêt; j'espérais y rencontrer les gardes qui auraient pu rassembler les
gens soumis au fouage (1), et accourir au secours des
gens du manoir. Mais je compris bientôt qu'il n'en
serait plus temps : des masses de fumée montèrent
dans l'air, puis des étincelles et des crépitements qui
venaient jusqu'à moi, quoique je fusse déjà à une

(1) Le fouage était une redevance qui, en Bretagne, se payait par
chaque feu ou famille.

assez grande distance de l'incendie. Je m'enfuis épouvanté, et trouvai de pauvres manants chassés de leurs demeures par les Anglais, et réfugiés dans les marais; l'un d'eux, celui que vous voyez devant vous, me conduisait au monastère de Kéralio, quand votre approche nous a effrayés, craignant la rencontre des Anglais.

— Chevaliers, dit le sire de Tinténiac, nous conduirons ce bon religieux à Josselin; son rapport impressionnera plus le sire de Beaumanoir que tout ce qu'on pourrait lui dire. Quant à la famille de ce vassal, nous lui ferons escorte jusqu'à la même forteresse, et le maréchal recevra aussi leur rapport.

— ⋯◦⊰❈⊱◦— ⋯

III. — Dom Gilbert dans Josselin. — Il est appelé dans l'assemblée des chevaliers présidée par de Beaumanoir. — Cette assemblée disposée à la violence. — Les conseils de dom Gilbert ouvrent un moyen de provoquer Bembrough sans violer la trève.

Dom Gilbert est en sûreté derrière les fortes murailles de Josselin, défendu par des chevaliers célèbres dans cette funeste guerre civile. La famille Lequinio s'y trouve aussi, désormais protégée contre les rapines et les massacres des Anglais. Nous n'aurons plus à raconter les misères, les souffrances de

toute nature d'une pauvre famille de manants, mais
des faits qui ont laissé de longs souvenirs dans la
Bretagne, et qu'un simple monument rappellera encore longtemps aux enfants de l'Armorique.

Exposons leur point de départ, suivons leur développement, et nous connaîtrons leur cause.

Entre les deux prétendants au duché de Bretagne,
une trève avait été jurée par la nécessité de laisser
un peu se reposer un pays depuis si longtemps
dévasté, et aussi pour des causes politiques qui n'en-
trent point dans notre récit. Des deux côtés, il était
difficile d'observer cette trève. Les troupes de
Charles de Blois se composaient de soldats français,
espagnols, allemands, génois, en un mot de gens
ramassés de tous côtés, habitués aux pilleries et peu
contenus par la discipline. A ces troupes s'étaient
réunis un grand nombre de seigneurs bretons, les
uns par dévoûment à la famille de Charles de Blois,
le plus grand nombre pour des ambitions person-
nelles, et surtout par la haine qu'ils portaient aux
auxiliaires de Jean de Montfort, les Anglais, exécrés
de tout temps en Bretagne. Montfort leur accordait
trop pour ne pas s'aliéner le cœur des nobles
Bretons, et les Anglais faisaient un abus trop déplorable des concessions du duc Jean. Les troupes de ce
dernier n'étaient ni mieux composées ni mieux dis-
ciplinées que celles de son compétiteur. Presque tout

le continent et l'île d'Angleterre avaient apporté leur contingent; cependant, il y avait une grande différence entre les partisans des deux prétendants. Le pieux Charles de Blois protégeait les monastères, les églises et les hommes appartenant à l'église. Il s'efforçait de réprimer les voleries et les dévastations; en un mot, il tempérait, autant qu'il le pouvait, les maux et les horreurs de la guerre, tandis que les auxiliaires de Montfort, profitant de la faiblesse du duc pour eux, se livraient aux plus abominables excès; grâce à la tolérance de Montfort, ils dévastaient tout sans scrupule, sans égard aux choses les plus sacrées. Une légende des temps dit qu'on faisait dans les églises et les monastères des prières qui se terminaient par ces mots : Seigneur, protégez-nous de la fureur des Anglais.

C'est entre ces deux partis qu'une trève avait été conclue : du côté de Charles de Blois, elle était, non pas exactement exécutée, mais non audacieusement violée comme les partisans de Montfort la violaient en toutes circonstances, sans que celui-ci, ainsi que nous l'avons déjà dit, tentât de réprimer ces violations.

Chaque jour les commandants des places fortes qui tenaient pour Charles de Blois voyaient des bandes de vassaux et de manants accourir et demander des refuges contre les violences des Anglais, aux-

2.

quels les seigneurs bretons du parti de Montfort se gardaient bien de s'associer. Toutes les haines, toutes les vengeances se dressaient donc contre les auxiliaires de Montfort.

Assistons à une réunion des commandants bretons dans la ville de Josselin.

Une trentaine de chevaliers sont assis en cercle dans une vaste salle du château. Le maréchal de Beaumanoir tient le haut bout. Tous sont distingués par leur naissance ou leur richesse, presque tous sont capitaines, titre qui, à cette époque, représentait un pouvoir beaucoup plus étendu que de notre temps. A la sévérité empreinte sur leurs traits, aux éclairs de colère lancés de leurs yeux, il était facile de deviner qu'une grande résolution allait être prise.

A un signal donné par le maréchal Robert de Beaumanoir, la porte de la salle s'ouvrit à deux battants, et un homme d'armes introduisit dom Gilbert.

L'espèce de surprise qu'il témoigna prouve qu'il ne s'attendait pas à paraître devant une si imposante assemblée. Robert de Beaumanoir se leva, tous les chevaliers l'imitèrent, et dom Gilbert fut reçu avec un grand respect. On lui donna un haut siége.

— Mon père, dit le maréchal, j'ai voulu que cette noble assemblée entendît de votre bouche ce qui s'est passé depuis peu au manoir de Monnelec. Parlez, nous vous écoutons.

Dom Gilbert, après avoir rapporté ce qu'il avait dit aux chevaliers qu'il avait rencontrés dans la lande, ajouta :

— Quand la guerre existe, de braves et loyaux chevaliers la font sur le champ de bataille ; mais après la lutte qui les a mis en face d'hommes armés comme eux, est-il chrétien, est-il humain de massacrer de malheureux vassaux et manants désarmés qui n'ont point pris part au combat, et qui ne demandent que la sécurité pour se livrer à la culture des terres de leurs seigneurs ?

N'est-ce pas un crime exécrable aux yeux de Dieu et des hommes de fouler aux pieds de leurs chevaux leurs cultures, d'incendier leurs pauvres chaumières et de ne leur laisser d'asile que dans la profondeur des forêts et des marécages pestilentiels ? Oui, nobles seigneurs, ces choses sont exécrables quand elles se commettent en temps de guerre ouverte ; mais quel nom leur donner quand elles se commettent en temps de trève ? Y a-t-il des noms qui puissent assez les flétrir, assez les livrer à l'exécration des hommes ?

Un frémissement de colère et d'indignation s'éleva dans l'assemblée. Il fut contenu quand on remarqua que dom Gilbert voulait encore parler ; il continua

ainsi, avec moins d'animation, mais d'un ton de tristesse peut-être plus impressionnant :

— Dans mon enfance (voyez mes cheveux blancs,
nobles seigneurs, ils vous disent qu'un grand nombre de jours se sont écoulés depuis ce temps); dans
mon enfance, j'ai vu nos champs couverts de riches
moissons, et de nombreux troupeaux paissant dans
les prairies et dans les landes : tout annonçait la
richesse des seigneurs, la sécurité et le bien-être de
leurs vassaux et manants. Si quelques rencontres
avaient lieu entre les seigneurs voisins, elles étaient
aussitôt suivies de réconciliation, et la sécurité, trou-
blée seulement sur un petit espace, renaissait, et
notre chère Bretagne reprenait ses travaux et produisait pour les maîtres et les serviteurs. Ce fut un
heureux temps.

Tout-à-coup dom Gilbert s'arrêta; il devinait, au
froncement de sourcils du maréchal, qu'il avait en-
tamé un sujet déplaisant. En effet, à qui devait-on
attribuer les maux dont il allait parler, et qui déso-
laient la Bretagne, si ce n'est aux compétiteurs du
duché et à leurs adhérents.

Cependant, il reprit ainsi :

— Fils et serviteur de la sainte Eglise, j'ai hor-
reur de la guerre; mais je n'ai pas l'audace de
m'établir juge entre ceux que Dieu a chargés de la
conduite des peuples. Cependant, en ma qualité

d'homme et de prêtre, j'ai le droit de m'élever contre les atrocités commises par les auxiliaires de messire de Montfort ; j'ai le droit de demander vengeance pour les opprimés, et j'ose vous crier, nobles Bretons : Levez-vous et protégez ceux que Dieu a mis sous votre garde, et de la vie desquels vous serez responsables devant Dieu.

Ces paroles, toutes hardies qu'elles étaient dans la circonstance, attaquaient une corde trop vibrante dans le cœur de ses auditeurs pour qu'ils fissent attention à leur hardiesse inusitée ; ces paroles produisirent un effet électrique ; tous se levèrent et poussèrent le cri : Sus aux Anglais.

Dom Gilbert, avec un tact infini, sentit que sa présence ne serait pas utile à la délibération qui devait nécessairement avoir lieu; il se disposait à sortir, lorsque Robert de Beaumanoir lui dit :

— Ne vous retirez pas, mon père ; il faut que vous assistiez jusqu'à la fin à notre délibération.

Un assentiment général ayant accueilli ces paroles, dom Gilbert reprit son siége, et attendit ce qui allait résulter de cette délibération qui devait être ardente.

Le bouillant sire de Tinténiac se leva, et s'adressant au maréchal de Beaumanoir, il lui dit :

— Qu'attends-tu, de Beaumanoir, est-il besoin de délibérer quand l'Anglais vient, presque au bout de nos lances, massacrer nos amis, nos partisans et nos vassaux?

— Oui, s'écria Karo de Bodégat, qu'est-il besoin de délibérer? est-ce que Bembrough délibère avant de venir ravager notre terre natale?

Olivier Arrel, Jean Bonnelet et Geoffroy Duboys s'écrièrent :

— Allons surpendre Bembrough dans Ploërmel, il n'y a que cela à faire.

Tous les autres assistants poussèrent les mêmes cris en y renchérissant encore : Guy de Rochefort et Yves Charuel, frappant violemment les larges dalles de pierre de leurs bottes éperonnées, crièrent à leur tour :

— Allons, Beaumanoir, donne l'ordre à tes gens d'armes de vêtir leurs cottes de mailles, et sus à Bembrough, sus aux Anglais! Ils nous déshonorent dans notre propre pays !

Huon de Saint-Yvon, plus mûr d'âge, prit la parole quand les exclamations furent calmées, et dit :

— Beaumanoir, tu n'as point encore parlé; que penses-tu?

— Je pense, répondit le maréchal, qu'une trève a été conclue, et que ce ne sont pas de braves Bretons qui doivent la violer.

— La violer! répondit le sire de Tinténiac; mais elle l'a été dès le lendemain du jour où elle fut jurée.

— C'est vrai, crièrent-ils tous ensemble; ne l'a-t-on pas dit assez, Beaumanoir?

Beaumanoir répondit froidement :

— Si j'étais le seul représentant du parti de Charles de Blois, muni de tous les pouvoirs pour agir, je dirais comme vous, messires : Sus aux Anglais, et j'agirais incontinent. Mais, sur ma foi de noble Breton, je ne me reconnais pas le droit de répondre à une violation par une violation; qu'en pense ce bon religieux?

— Vous me demandez mon avis, noble sire, répondit dom Gilbert en se levant avec modestie; c'est avec sincérité que je vais vous le donner; mais je vous prie de considérer que je suis un homme d'église et non un homme d'armes; ainsi les opinions d'un religieux uniquement occupé de son ministère et de l'étude des saintes Ecritures, doivent différer de celles des nobles seigneurs accoutumés aux luttes violentes, et qui ont des traditions et des coutumes que j'ignore. Que mes paroles ne soient déplaisantes à personne : j'obéis donc au noble maréchal de Beaumanoir.

Une trève est violée, et vous regardez les violateurs comme coupables de félonie et des droits de la guerre. Je partage humblement votre opinion. Mais irez-vous faire ce que vous trouvez coupable ? La trêve a été violée, direz-vous, donc elle n'existe plus. Permettez-moi de ne point penser ainsi ; elle existe toujours pour vous, qui ne l'avez pas violée.

— Ainsi, mon bon Père, s'écria le sire de Tinténiac, il faut laisser massacrer nos compatriotes, dévaster nos compagnies, parce que nous ne devons pas violer la trève ?

— Et toi, Dumanoïr, tu veux attendre la décision du conseil de notre duchesse. Mais c'est dire à ces pillards d'Anglais : Faites à votre guise, nous ne voulons pas vous gêner ! qu'en pensent ces nobles seigneurs ?

Tous d'une voix crièrent : Il n'y a plus de trève ; sus à ses violateurs ; à Ploërmel ! à Ploërmel !

— Un instant, mes seigneurs, dit Beaumanoir, le bon Père a encore quelque chose à nous dire. Il faut l'écouter, puisque je l'ai prié de faire connaître son opinion.

— Mon opinion, je ne vous l'ai point encore ex-posée, reprit dom Gilbert : si j'ai dit que vous ne devriez pas violer la trève, c'est que mon respect pour les engagements pris sur les saintes reliques parlait à ma conscience de chrétien ; mais le carac-tère de religieux ne me dépouille pas du caractère de Breton ; c'est loyalement, sans surprise, qu'il vous

convient de réprimer les brigandages des alliés de
Jean de Montfort. Envoyez demander à ce Bembrough
réparation des déprédations de ses gens; reprochez-
lui hardiment, comme vous saurez le faire, sa lâche
félonie et attendez sa réponse pour agir.

— Par mon saint patron, s'écria Yves Charuel, le
Père a raison; il me vient une idée.

— Dis-nous-la, exclamèrent les chevaliers.

— Il m'est revenu, répondit-il, que l'orgueilleux
Bembrough s'était vanté d'être au service d'une plus
belle amie que celle que nous servons (1), c'est-à-
dire qu'il met Jeanne de Flandre au-dessus de notre
héroïne Jeanne de Penthièvre. Que le maréchal en
désigne deux d'entre nous, pour aller demander à
Bembrough raison de ses brigandages, et pour lui
jeter au visage le gant du défi, à qui aura plus
belle amie.

Cette proposition était dans les mœurs du temps,
et comme elle satisfaisait leur soif de vengeance,
elle fut acceptée à l'unanimité.

Il fut donc résolu qu'on provoquerait en champ
clos trente Anglais contre trente Bretons, pour re-

---

(1) On reprochait à Bembrough d'avoir dit, dans une réunion de
chevaliers anglais, que Jeanne de Penthièvre entreprenait de soutenir une cause aussi boîteuse qu'elle. Or, Jeanne de Penthièvre
était boîteuse, et à chaque occasion Bembrough se donnait le
plaisir de lui reprocher cette infirmité.

vendiquer la violation de la trève et l'insulte faite à
la duchesse Jeanne.

———◇◈◇———

IV. — Le défi porté à Bembrough. — De quelle manière il fut reçu
et accepté. — Les écuyers anglais mortifiés par un écuyer
breton. — Les députés craignent d'être poursuivis. — Joie de
Beaumanoir en apprenant l'acceptation du défi.

Le vingt-cinq mars 1351, les mêmes personnages
que nous avons vus dans la salle du château de
Josselin se trouvaient réunis au nombre de trente et
un hommes d'armes, tant chevaliers qu'écuyers, tous
Bretons et de haut lignage. Le maréchal Robert de
Beaumanoir ouvrit la séance en ces termes :

— Compagnons et amis, la cause qui nous réunit
aujourd'hui vous est connue. Tous, vous avez voulu
être du nombre des chevaliers et écuyers engagés
dans le défi que nous allons porter à l'orgueilleux
commandant de Ploërmel. Il s'agit de désigner les
deux hérauts d'armes qui porteront le cartel de défi
à Bembrough, pour sa conduite félone et déloyale, et
l'appelleront en champ clos. Trente Anglais contre
trente Bretons, jusqu'à ce que mort ou reddition des
vaincus s'ensuive. En ma qualité de commandant
de Josselin, je demande d'être honoré de cette mis-

sion, conjointement avec un ou deux d'entre vous
désignés par le sort.

Toujours violent, le sire de Tinténiac s'écria :

— Tu n'iras pas, Beaumanoir; de la part des Anglais, je crains perfidie et trahison; ce serait une
belle capture que celle du maréchal de Beaumanoir,
et une rançon trop tentante pour ces pillards d'Anglais !

— Non, non, tu n'iras pas, Beaumanoir, s'écrièrent-
ils tous; ce serait trop honorer un Bembrough.

— Si telle est votre volonté, mes seigneurs, je
n'irai pas ; cependant j'avais bien envie de dire en
face, à cet insulaire, ce que je pense de sa manière
d'observer les trèves, et de lui jeter mon gant de défi
pour l'insulte qu'il a faite à une dame de sang breton
en la mettant au-dessous de sa Jeanne de Flandre.

— Sais-tu, dit Geoffroy Duboys, la réponse que te
ferait Bembourgh? s'il ne te faisait pas assassiner, il
s'emparerait de ta personne pour en obtenir une forte
rançon.

Cette manière déloyale d'agir était assez commune
à cette époque agitée. N'avait-on pas vu Pierre de
Craon assassiner le connétable de Clisson, au milieu
de Paris et en pleine paix; nous disons pleine paix,
quoiqu'elle ne fût jamais qu'apparente entre les partis, à cette triste époque.

Le maréchal le savait et se soumit à la décision de

ses amis. Le sort désigna Caro de Bosdégat et Jean
Rousselet, dont les noms sortirent du casque qui servait d'urne.

Il est à noter que ce fut dom Gilbert qui écrivit les
noms et qui les lut; pas un des seigneurs ne savait
ni lire ni écrire.

Huon de Saint-Yvon proposa d'adjoindre ce religieux aux deux chevaliers désignés par le sort. De
Beaumanoir s'y opposa.

— Non, dit-il, non! je ne souffrirai jamais qu'un
saint homme d'église s'expose en se rendant au
milieu de gens sans foi ni loi; qu'il reste à Josselin,
il y sera en sûreté.

C'était sagesse, et dom Gilbert, qui connaissait par
expérience les Anglais, sentait encore mieux que
cette mission n'était pas dans son rôle.

Quelques heures après, Caro de Bosdégat et Jean
Rousselet étaient en selle, et suivis de deux écuyers
et de deux coutilliers, ils prirent la route de Ploërmel, devant les murs duquel ils arrivèrent en peu de
temps.

Aux appels du cor, un homme d'armes parut sur le
rempart et ils lui annoncèrent qu'ils étaient envoyés
par le maréchal de Beaumanoir et chargés d'une
mission auprès du capitaine Bembrough.

Ils n'attendirent pas longtemps. Le pont-levis
tomba sur le fossé, et la herse fut levée. Huit hom-

mes d'armes, armés de pied en cap, les reçurent et
les escortèrent jusqu'à la salle du donjon, où les attendaient Bembrough et plusieurs officiers anglais.

Le capitaine anglais n'avait pas la réputation
d'être très poli, mais en revanche il était reconnu
comme un homme brutal et hautain

Sa réception fut froide et altière.

— Que me mande le commandant de Josselin?
dit-il d'un ton dédaigneux.

Caro de Bosdégat, plus âgé que son compagnon, se
hâta de répondre :

— Robert de Beaumanoir, maréchal de Bretagne,
nous envoie devers vous, messire, pour vous demander réparation des incendies, des dévastations et des
meurtres que vous commettez et que vous laissez
commettre à vos gens sur les personnes et sur les
domaines des partisans de Charles de Blois. Il
s'étonne que pareilles choses se fassent, quand la
trève existe entre les belligérants.

— Est-ce tout? demanda ironiquement Bembrough.

— Quand vous aurez répondu à cette première demande, dit de Bosdégat, nous verrons ce que nous
avons à y ajouter.

— Messire de Bosdégat, fit Bembrough en se
levant, il y a déjà longtemps que nous nous connais-
sons, et ni vous ni moi n'avons perdu le souvenir du

passé. Eh bien! je vous demande à mon tour quelle fut la conduite des partisans de votre duchesse lors de la capitulation de la Roche-Derrien. La vie sauve était garantie à la garnison anglaise, par les termes de la capitulation. Que devint cette garantie? ajouta-t-il d'un ton menaçant. La garnison fut massacrée par vos manants, et l'on vient me demander des réparations pour quelques manoirs dévastés, quelques manants tués en résistant à mes gens! Retirez-vous, sire de Bosdégat, et allez dire de ma part à votre maréchal que je ne demande point de réparations, mais que je les prends.

— Capitaine Bembrough, dit Jean Rousselet avec énergie, le massacre de votre garnison a eu lieu en vertu des droits que vous mettez en avant, c'est-à-dire de prendre vous-même les réparations que vous croyez juste de prendre. La garnison anglaise fut massacrée, malgré nos efforts pour la protéger, par les paysans exaspérés de vos brigandages, et poussés aux excès du désespoir. Ce massacre fut hautement désapprouvé par nous, et les auteurs en furent rudement punis. La trêve existe encore, nous ne voulons pas la violer. Voici le cartel que vous envoie Robert de Beaumanoir.

En même temps il présenta le cartel écrit par dom Gilbert. Mais Bembrough ne savait pas plus lire que les seigneurs bretons; après l'avoir tourné et retourné entre ses doigts, il le passa à un officier anglais avec ces paroles dédaigneuses :

— Savez-vous, Asthon, ce que signifie ce chiffon de parchemin?

— Je vais vous l'apprendre de vive voix, dit aussitôt Caro de Bosdégat : De Beaumanoir vous provoque à un combat où se trouveront trente Bretons contre trente Anglais. Les chefs de chaque troupe formeront de chaque côté trente et un combattants ; ce ne sera point une infraction à la trève, puisque la cause en est...

— Ah! s'écria Bembrough en l'interrompant brusquement, j'attends que vous me la fassiez connaître.

Caro de Bosdégat, qui craignait la fougue de son compagnon, se hâta de répondre :

— Capitaine Bembrough, entre dignes et loyaux chevaliers, la guerre se fait les armes à la main, mais ils n'oublient pas le respect qu'ils doivent aux dames, surtout quand elles occupent le plus haut rang, et que, par leur courage et leur humanité, elles font honte à plus d'un chevalier. Vous avez parlé discourtoisement de madame Jeanne de Penthièvre, épouse de Charles de Blois : voici notre gantelet de défi ; relevez-le, et réglons les conditions du combat.

Bembrough méritait la réputation de bravoure

qu'il s'était acquise en Bretagne ; il se baissa dédaigneusement, releva le gantelet, et le rendant à Caro de Bosdégat, il lui dit :

— Reportez au sire de Beaumanoir mes paroles ; j'ai relevé le gantelet jeté en son nom et je vous le rends en preuve d'acceptation du défi. Le 27, je l'attendrai dans la lande située à égale distance de Ploërmel et de Josselin, et, trente et un contre trente et un, la bravoure décidera qui sert une noble dame. Les vaincus resteront à la disposition des vainqueurs, armes et chevaux.

— C'est bien, dit le chevalier de Bosdégat, nous demanderons pour armes offensives la lance, l'épée et la hache d'armes ou la dague.

— Vous avez bien fait d'y mettre la dague, sire de Bosdégat, nous serons en mesure de prouver qui fera meilleures prouesses.

Ceci arrêté, Bembrough se montra presque courtois. Il fit servir des rafraîchissements que les deux Bretons acceptèrent franchement, et l'on n'eût pas cru que des hommes qui buvaient à la santé les uns des autres venaient de porter et de recevoir un défi, dont mort ou captivité devait s'ensuivre.

Tandis qu'ils s'entretenaient entre eux des choses qui avaient rapport aux différends qui divisaient la Bretagne, une scène singulière se passait dans la grande cour, où les écuyers anglais, s'exerçant au maniement des armes, faisaient leur apprentissage de la guerre.

Sur un pivot très mobile, un buste de bois simulant un homme était établi, ayant un long bras de chaque côté. Un aspirant à la chevalerie, monté sur un cheval, le lançait contre cette figure de bois, celle-ci éprouvait un ébranlement violent, mais ne tournait point sur elle-même. Au contraire, si le coup ne frappait pas juste, la pièce tournait vivement sur son pivot et les bras venaient punir le maladroit, qu'il désarçonnait ordinairement, aux éclats de rire des assistants.

Les écuyers et les coutilliers bretons, qui n'avaient pas été introduits par les chevaliers auprès de Bembourgh, entendant des rires et des applaudissements dans la cour des exercices, s'y rendirent, et n'y furent ni bien ni mal accueillis. Un jeune écuyer anglais que la quintaine ou quintine (nom donné à cette figure du bois) avait désarçonné, mortifié des rires des Bretons, les apostropha grossièrement en ces mots :

— Avant de rire d'un insuccès, il faut avoir prouvé qu'on est incapable d'en obtenir.

— J'essaierai volontiers, répondit Alain de Kéranré, qu'on me prête un cheval et une lance, et je m'expose une fois au châtiment que votre maladresse a

3

reçu deux fois. Ces paroles donnaient à la question un intérêt de parti.

On amena un cheval, on apporta une lance. Alain de Kéranré, après avoir examiné soigneusement le harnachement du cheval, prit la lance, et la trouvant trop faible il en demanda une autre qui fût une lance de bataille. Celle qu'on lui donna se trouva grosse, lourde, et par conséquent difficile à diriger avec justesse. Il l'accepta, sauta en selle et lança son cheval autour de l'intérieur de la cour pour en connaître l'allure. Cela fait, se tournant du côté de la quintaine, il lance son cheval, la lance à la hauteur de l'œil, et frappe si juste au centre que les bras seuls éprouvèrent un ébranlement, au grand dépit des Anglais. Sans faire attention aux assistants, de Kéranré retourne au point de départ, pousse à la quintaine et la frappe si violemment, que sa lance vole en éclats et que la quintaine est renversée de son pivot.

Tout acte qui prouve adresse ou courage, excite toujours des applaudissements. Les assistants en firent entendre au premier abord ; mais un sentiment de jalousie nationale les réprima aussitôt. A en juger par l'expression des visages, il était probable que les choses allaient s'envenimer, quand les deux chevaliers bretons, sortant de la salle où Bembrough les avait reçus, appelèrent leurs écuyers et demandèrent leurs chevaux.

Dès qu'ils eurent dépassé le pont-levis, Alain de Kéranré raconta l'aventure de la quintaine.

— Tu as fait cela, Alain, dit de Bosdégat; c'est un bon augure, et le 27 de ce mois, à dix heures du matin, au milieu de la lande que nous allons traverser, nous aurons des quintaines bardées de fer à jeter à bas. Bembrough accepte le défi, et c'est lui-même qui a fixé l'heure et le lieu.

— En serai-je, messire? demanda Alain; il parlait ainsi avec respect, car il était l'écuyer du chevalier de Bosdégat.

— Tu manquerais aux Anglais, répondit le chevalier, car tiens pour certain qu'ils te chercheront pour prendre une revanche. Ils se croient les premiers chevaliers du monde, ces insulaires. Je sais que tu te tiendras bien, Alain, et que tu frapperas fort et juste.

— Je fais toujours de mon mieux, messire, surtout quand je me trouve en face d'un Anglais. Si c'est un Breton, il faut que le combat m'ait échauffé pour que je frappe fort.

— Au galop, au galop, dit Jean Rousselet, m'est avis que la garnison de Ploërmel se remue; qui peut prévoir pourquoi?

— Les Anglais eurent-ils de lâches intentions? On

le dit dans le temps, mais rien ne le prouva, et la petite troupe arriva à Josselin sans avoir été poursuivie.

Le maréchal de Beaumanoir, posté sur le rempart, attendait leur retour avec impatience. Dès qu'il les aperçut, il leur cria :

— Quelle réponse vous a fait Bembrough, accepte-t-il le cartel ?

— Oui, lui répondirent-ils, il a accepté toutes les conditions.

Un éclair de joie brilla dans les yeux du maréchal, et par son ordre les clairons sonnèrent une fanfare.

Quand il eut entendu en détail tout ce qui s'était passé dans leur entrevue avec Bembrough, de Beaumanoir demanda à Caro de Bosdégat s'il était convenu que des deux côtés il n'y aurait que les combattants qui se rendraient sur le champ du combat.

— Nous avons oublié de poser cette question ; l'eussions-nous pensée, que nous ne l'aurions pas posée ; Bembrough aurait peut-être eu un méchant soupçon ; je crois que tu l'as toi-même contre eux, de Beaumanoir ?

— Le massacre de la garnison de la Roche-Derrien, dont il a évoqué le souvenir, me fait tout soupçonner de leur part, Caro de Bosdégat ; mais nous ne serons pas pris au dépourvu ; réunissons les chevaliers de la garnison et annonçons-leur la bonne nouvelle.

Le maréchal avait raison de la déclarer bonne nouvelle, car tous ces hommes, habitués à batailler depuis plusieurs années, s'ennuyaient du repos que leur faisait la trève. Ce fut donc avec acclamation que l'on apprit que la lutte aurait lieu contre les Anglais. Cette nouvelle, qui se répandit en un instant dans la ville de Josselin, y causa une émotion profonde.

———◦◦≪✦≫◦◦———

V. — Cérémonie religieuse avant le combat. — Les chevaliers entre deux haies de populations. — Ils arrivent au lieu fixé. — Court entretien entre les deux chefs. — Ruse des Anglais. — Le combat. — Beaumanoir, bois ton sang. — Victoire des Bretons. — Le mieux faisant de chaque parti désigné par le parti contraire.

A cette époque de foi sincère, les actes importants de la vie étaient toujours précédés de cérémonies religieuses, surtout parmi les partisans du pieux Charles de Blois, qui leur donnait l'exemple de l'importance qu'il attachait aux pratiques de la religion.

La veille du jour fixé pour le combat, le maréchal de Beaumanoir se rendit dans l'église principale de Josselin, accompagné de ses trente tenants, tous armés de pied en cap. Les armes offensives, lances, épées, haches d'armes et dagues, mises en faisceaux devant l'autel, reçurent la bénédiction de dom Gilbert. Trois fois il los aspergea d'eau bénite, puis, pratique vraiment bizarre, il récita la prière des morts devant les chevaliers et écuyers à genoux devant la balustrade. Cette cérémonie terminée, il les aspergea aussi trois fois d'eau bénite et ne leur dit que ces mots :

— Allez, nobles combattants, et que Dieu protége la bonne cause !

Le 27, au matin, de Beaumanoir et ses trente tenants entendirent la messe avec dévotion et recueillement, puis se rendirent dans la grande salle du château, où les attendait un repas substantiel. Jusqu'alors tous les visages étaient graves, mais bientôt l'insouciance de l'homme d'armes amena la gaîté, et, dit la chronique, l'Ar saos dut entendre de vilains tintements dans les oreilles ce matin-là.

Après être montés en selle, ils se rendirent en bel ordre à la porte de la ville ; rangés en haie sur leur passage, les habitants poussèrent de grandes acclamations, au milieu desquelles dominaient celles-ci :

— Honneur aux braves chevaliers qui vont défendre la réputation de la Bretagne ; leur gloire passera à leur lignée ; puissent-ils revenir tous vainqueurs de l'Ar saos !

Les clairons retentirent, et la troupe s'éloigna au petit pas de ses chevaux.

Pour se mettre à l'abri d'une surprise ou d'une trahison, Robert de Beaumanoir avait pris ses précautions, comme si la ville dût être attaquée ; la garnison était sous les armes ; les chevaux prêts à être montés se trouvaient derrière des hommes d'armes, et prêts à partir en cas de trahison de la part des Anglais.

Le petit Jehan, que nous avons trouvé au début de cette histoire perché sur un châtaignier, avait été envoyé par dom Gilbert, dès le point du jour, aux environs de Ploërmel. Ce prudent religieux savait par expérience qu'il était bon et juste de se défier des Anglais. Ayant remarqué l'intelligence et l'activité de ce jeune homme, il l'avait chargé de surveiller les mouvements des Anglais et d'accourir avertir la garnison, en cas d'une sortie de plus de trente hommes de la ville de Ploërmel.

Ce furent les chevaliers bretons qui arrivèrent les premiers auprès du chêne unique de la lande dite Haëslan, à cette époque, et qu'on nomme aujourd'hui la lande de Mivoie. Les Anglais ne se firent pas attendre ; ils s'approchèrent au petit pas de leurs chevaux.

On fit remarquer à Beaumanoir qu'ils paraissaient mieux montés que ses compagnons ; leurs chevaux étaient de plus haute taille que les petits chevaux bretons. Le maréchal ne s'en inquiéta *mie*, dit l'auteur de la chronique ; il connaissait l'intelligence et la vigueur des chevaux de son pays.

Les conditions du combat devaient être de nouveau arrêtées d'une manière nette et claire. Le maréchal s'avança seul d'environ trente pas, et cria à Bembrough de venir à lui.

En voyant ces deux chevaliers en face l'un de l'autre, à la première vue on eût dit : L'Anglais va écraser le Breton. En effet, de Beaumanoir était de taille moyenne, large d'épaules, ce qui le faisait paraître encore plus petit. D'un autre côté, son cheval était moins élevé que celui de Bembrough. Le capitaine anglais était de haute taille, bien proportionné; son cheval était grand et vigoureux, mais Beaumanoir était connu : comme Bertrand Duguesclin, dont il avait un peu l'extérieur, il avait la réputation d'être un redoutable adversaire. Il s'inclina avec courtoisie, et dit à Bembrough :

— Arrêtons clairement les conditions du combat, sire capitaine.

— Fixez-les vous-même, sire maréchal, répondit rudement l'Anglais, je les accepte à l'avance.

— S'il en est ainsi, je maintiens les conditions proposées par mes deux délégués, et j'y ajoute que le premier choc se fera d'ensemble et à la lance. Ceux dont les lances seront rompues, ou qui seront désarçonnés, ne combattront plus qu'avec l'épée, la hache d'armes ou la dague. Mais cependant, s'ils peuvent se remettre en selle, ils se serviront des armes les plus avantageuses pour eux.

Bembrough avait écouté froidement ; comprenant que les désarçonnés seraient à la merci des cavaliers, il voulut mettre aussi ses conditions.

— Je vous ai dit, messire chevalier, que j'acceptais toutes les conditions du combat, pensant que vous n'ajouteriez rien à celles proposées déjà par vos envoyés. Mais il me paraît loyal d'ajouter à ces conditions, que les chevaliers désarçonnés d'un parti ne s'attaqueront qu'aux désarçonnés de l'autre dans la mêlée qui suivra le premier choc.

Beaumanoir objecta vivement :

— Vous supposez donc qu'il y aura dans les deux partis un nombre égal de combattants désarçonnés, et s'il n'est pas égal, vous voulez réduire le nombre des combattants du parti qui aura un plus grand nombre de désarçonnés. Non, non, capitaine Bembrough, que chacun des partis combatte tant qu'il en aura la force et les moyens, et nous saurons qui sert plus belle amie.

— Soit, fit l'Anglais en brusquant l'entrevue et tournant bride vers les siens ; ce que fit aussi le maréchal.

On vit alors les troupes entourer leur chef, qui leur donnait connaissance des conditions du combat.

3.

À une certaine distance, sur des points les plus élevés de la lande, se voyaient des bandes de vassaux et de manants, curieux d'assister aux péripéties de cette lutte qui excitait en eux l'amour-propre national.

Bembrough jeta autour de lui des regards défiants; il connaissait la haine que la population entière portait à sa nation. Mais ces manants étaient sans armes, et les précautions qu'il avait prises de son côté le rassurèrent complètement. Une centaine d'hommes d'armes de son parti se tenait à couvert et à une faible distance, prête à se lancer contre quiconque prendrait parti pour Beaumanoir.

Il faut le dire encore, ajoute le chroniqueur, le capitaine Bembrough se croyant le plus vaillant chevalier de la chrétienté, était plein de confiance dans le succès.

Quelque temps les troupes restèrent immobiles, comme si chaque combattant d'un parti choisissait dans l'autre son adversaire.

L'impatient de Tinténiac s'écria :

— Allons, Beaumanoir, fais sonner la charge; et aussitôt les clairons portèrent aux Anglais un défi retentissant.

En bel ordre, et comme si elle n'eût été composée que d'une pièce, la troupe du maréchal de Beaumanoir s'avança jusqu'auprès du chêne, et en parcourut la distance moyenne qui la séparait des Anglais. Ceux-ci s'élancèrent au grand galop de leurs chevaux, en déviant vers la gauche, comme s'ils eussent l'intention de se heurter contre la droite des Bretons. Leur intention, qui réussit d'abord, était d'avoir le soleil à dos, tandis que les Bretons l'auraient en face.

De Beaumanoir comprit aussitôt cette manœuvre, il s'écria :

— Chevaliers, face à l'ennemi, j'ai oublié la condition d'avoir égalité de soleil!

Quelque rapide que fût la conversion de front des Bretons, leur droite reçut un choc si terrible, que plusieurs furent désarçonnés, deux tués et trois blessés.

Bembrough poussa un hourra, et allait recommencer une seconde charge contre la droite des Bretons en désordre. Mais déjà ceux-ci, remis de ce choc terrible, lançaient leurs ardents petits chevaux entre les rangs des Anglais, où ils jetèrent le désordre.

Alors s'engagea le loyal combat à parties égales, et les épées s'abattaient sur les cuirasses d'où jaillissaient des étincelles, et les masses d'armes retentissaient comme des marteaux sur l'enclume, et les dagues acérées criaient sur les cuirasses, dont elles cherchaient les défauts.

Cependant les Anglais conservaient encore un

avantage : ils pouvaient frapper de plus haut et plus librement dans la mêlée, à cause de la hauteur supérieure de leurs montures. Mais la rapidité intelligente des chevaux bretons dérobait leurs cavaliers à la plupart des coups assénés avec violence. Le coup tombant dans le vide, maint Anglais en fut renversé.

Un simple écuyer breton, Geoffroy de La Roche, quoique démonté, tua un Anglais d'un coup de hache d'armes et se distingua tellement, que pendant le repos que les combattants furent obligés de prendre, épuisés qu'ils étaient par l'acharnement de la lutte, il demanda le grade de chevalier, et l'obtint sur le champ de bataille. La lutte recommença plus terrible; c'était un bruit de coups, de cris de défi, de souffles et de hennissements. La mêlée était si furieuse que chacun avait assez à se défendre, et frappait à droite et à gauche sur l'ennemi.

Bembrough, suivi de deux de ses plus vaillants hommes d'armes, avait dès le commencement cherché à s'attaquer à de Beaumanoir, qui se trouva presque tout-à-coup entouré. Le maréchal soutint sa grande réputation : d'un coup de hache d'armes il tua un des trois assaillants, en renversa un autre et atteignit, mais légèrement, Bembrough à la poitrine. Cependant il était blessé lui-même et son sang coulait en abondance; écrasé de fatigue, mourant de soif, il sortit un peu de la mêlée et demanda à boire.

— Beaumanoir, lui cria Geoffroy Duboys, qui l'aperçut, bois ton sang et tu seras désaltéré.

Il revint au combat, qui, de ce côté, recommença avec rage. Quatre Bretons avaient succombé, les Anglais n'avaient perdu que deux des leurs, mais leurs blessés étaient plus nombreux que ceux des Bretons.

Comme il se tenait debout ou à cheval, il combattait encore. Ce fut alors que Bembrough, se croyant sûr de la victoire, cita à ses compagnons haletants une prophétie de Merlin qui promettait la victoire aux Anglais.

— Laissons là Merlin, s'écria le capitaine Crokard; serrez-vous, tenez ferme et combattez comme moi.

La lutte recommença; mais comme ils étaient presque tous démontés, ce fut corps à corps que s'assaillirent les combattants. Mêlée plus terrible que la première, au milieu de laquelle se faisaient entendre des paroles entrecoupées de défis; des coups sourds, des heurtements de fer contre le fer, des grincements de cottes de mailles contre des cottes de mailles. Tantôt ils s'écartaient et formaient comme une houle d'épées, de haches d'armes, de casques entremêlés et se heurtant.

Bembrough s'acharnait encore contre Beaumanoir,

déjà épuisé par la perte de son sang et par les efforts
qu'il faisait pour repousser deux autres assaillants.
Profitant d'un instant favorable, Bembrough le saisit
par derrière, le prend à la gorge et lui crie de se
rendre. Mais au même instant il lâche prise et tombe
comme une masse inerte sur le sol ensanglanté.
Alain de Kéranré l'avait percé de part en part.

Cette chute ne rétablissait pas encore l'égalité entre les combattants. Les Anglais conservaient un plus
grand nombre d'hommes à cheval que les Bretons.
Faisant une reculade de quelques pas, ils se grou-
pèrent autour du capitaine Crokard, et allaient faire
une charge à fond sur les Bretons, quand Guillaume
de Montauban, s'écartant de la mêlée, sauta sur un
cheval sans maître et fondit au milieu des Anglais.
Ce choc imprévu, désespéré, les ébranla; les Bretons
en désordre se rallient, et se jetant avec fureur sur
les Anglais, ils achevèrent la défaite des cavaliers,
tandis que les Bretons démontés qui combattaient les
Anglais, aussi à pied, achevaient de les mettre en
déroute.

Des deux côtés il y avait eu maints combattants
tués, blessés, ou hors de combat par épuisement de
forces, mais les Bretons restèrent maîtres du champ
de bataille, et ce qui restait d'Anglais se rendit.
Alors Beaumanoir, tout épuisé qu'il était, éleva la
voix et dit :

— Anglais, les conditions de la lutte nous donnent vos armes, vos chevaux, et vous restez nos prisonniers. Mais, quand des hommes braves et loyaux se sont mesurés, ils doivent avoir de l'estime les uns pour les autres et ne se montrer ni avides de butin ni de rançon. Enlevez vos morts, reprenez vos armes et vos chevaux, et retirez-vous aussi libres que lorsque vous êtes venus sur le champ du combat.

L'historien Larue fait la remarque suivante : « Telle était cependant la nature des armes défensives alors en usage, qu'il ne comptait que huit morts, et que quatre Bretons seulement furent tués. » Malgré cette assertion tirée de Froissard, le même historien ajoute en note : « Il y a des historiens qui réduisent le nombre des morts à six, deux Bretons et quatre Anglais. »

Avant de se séparer, les combattants, suivant l'usage observé dans les tournois, convinrent de déférer sur le champ du combat même l'honneur de la journée au plus vaillant champion de chaque parti. La manière de décerner cet honneur fut assez singulière pour que nous la mentionnions ici : Des deux côtés les morts furent assis le dos appuyé contre des tronçons de lances, les mains croisées sur la poitrine; tout près, les blessés, selon la gravité de leurs blessures, se tenaient debout, appuyés sur une épée ou sur une hache d'armes, et, autour, formant un demi-cercle, étaient rangés les autres combattants. Ainsi les deux demi-cercles se touchaient par leurs extré- mités, et les morts et les blessés se trouvaient au centre.

Le sire de Tinténiac s'avança de quelques pas vers les Anglais, et leur dit :

— Anglais, la lutte a été vaillamment soutenue ; elle est terminée, la trève existe... En présence de ces morts qui sont tombés vaillamment, et de ces blessés, dont les armes faussées et rougies de sang attestent leur courage et leurs énergiques efforts, sous les yeux des autres combattants, haletant encore de l'ardeur du combat, vous allez déférer l'honneur de la vaillance, et ce, sur votre honneur de chevaliers, à celui d'entre-nous qui vous a paru le mieux faisant. Et nous, à notre tour, nous déférerons au mieux faisant d'entre vous l'honneur de la journée.

A peine ces paroles avaient-elles été prononcées, que les Anglais, d'une voix unanime, s'écrièrent :

— Sire de Tinténiac, c'est à vous que nous défé- rons l'honneur de cette journée. Les Bretons y ap- plaudirent généreusement.

Tinténiac se tournant alors vers ses compagnons, leur dit :

— Votre choix est-il fait? prononcez et désignez le mieux faisant entre les Anglais.

— Que le vaillant capitaine Crokard, répondirent-ils, reçoive notre approbation ; il a été le mieux faisant, sans nuire au témoignage que nous rendons à ses nobles compagnons d'armes, dont nos morts et nos blessés attestent la vaillance.

Les Anglais parurent touchés de ces paroles ; le capitaine Crokard et plusieurs autres s'approchèrent du maréchal de Beaumanoir, tout prêt à tomber en défaillance, et lui donnèrent des marques d'estime et d'intérêt.

Ce fut alors que dom Gilbert arriva accompagné du petit Jehan. Il venait apporter les secours de la religion à ceux qui se trouvaient en danger de mort, et en même temps pour panser les blessés, car à cette époque les moines et les gens de la clergie possédaient seuls les connaissances suffisantes pour soigner les blessés et les autres malades.

Le petit Jehan portait la boîte des médicaments de dom Gilbert. Celui-ci s'étant mis à panser les blessés anglais qu'il eût été dangereux d'emporter avant le premier pansement, le petit Jehan osa tirer la manche du religieux, et lui dire à voix basse :

— C'est un des Ar saos qui a dévasté le manoir de notre seigneur et maître, et qui nous chassa jusque dans les marais.

Dom Gilbert le regarda froidement, et lui dit :

— Apprends qu'il n'y a d'ennemis que sur le

champ de bataille, et qu'après l'affaire ils sont tous frères aux yeux d'un chrétien.

Jehan ne croyait pas ces saintes paroles; son regard de colère prouva que l'Anglais était toujours pour lui un Ar saos.

———✦———

VI. — Arrivée du détachement anglais. — Emotion du populaire. — Collision prévenue par la sagesse de dom Gilbert. — Arrivée des combattants à Josselin. — Douleur changée en joie. — On annonce la cérémonie funèbre.

Dès que le combat fut terminé, le détachement anglais qui se tenait caché à quelque distance se rapprocha du champ de bataille; à cette vue, la population qui avait assisté de loin à la lutte se rapprocha aussi, croyant à une agression de la part des Anglais. En même temps une troupe de cavaliers bretons arrivaient au galop du côté de Josselin.

Une méprise allait peut-être donner lieu à un combat plus sanglant que le premier, vu le nombre des personnes qui s'y trouveraient engagées; la prudence de dom Gilbert le prévint. Il envoya Jehan rassurer les manants et courut lui-même à la rencontre des cavaliers.

Ce fut un grand bonheur, car les deux troupes paraissaient disposées à se charger avec fureur.

Crokard, qui depuis la mort de son chef Bembrough avait pris le commandement des Anglais, dépêcha un homme d'armes vers son détachement, en lui recommandant d'arrêter sa marche en avant, de manière que les deux partis se retirèrent chacun de son côté, emportant ses morts et ses blessés. Dès que la troupe fort diminuée du capitaine Crokard eut rejoint le détachement anglais, un grand mouvement se manifesta dans ses rangs ; fut-ce douleur de l'échec que venait d'essuyer l'orgueil anglais, ou le désir de prendre une revanche, toujours est-il que ce mouvement parut émouvoir le populaire, qui commença à s'agiter et à pousser des cris contre les Anglais.

La retraite de la troupe anglaise calma l'irritation, et les champions bretons, dont les morts et les blessés furent déposés sur des brancards de rameaux portés par des manants, retournèrent lentement vers Josselin.

« Ce fut, dit le chroniqueur, spectacle navrant à voir quand ils entrèrent dans la ville de Josselin, où le résultat du combat n'était pas encore bien connu du populaire. A la vue des morts et des blessés étendus sur des brancards que l'on portait en avant, la population crut à la défaite des chevaliers bretons.

La douleur, la honte, se peignirent sur tous les visages; mais quand les chevaliers vainqueurs sortirent de dessous la herse de la tour, quand le cri : « Victoire à la Bretagne » retentit, ce fut un enthousiasme d'autant plus violent qu'il succédait à des sentiments bien douloureux. Tout ce qui pouvait marcher, trépigner, crier, entoura les chevaliers, qui leur baisaient les mains, qui montraient leurs cuirasses bosselées, leurs casques faussés, leurs épées brisées ou tordues, et criaient : Ont-ils rudement combattu pour l'honneur de la Bretagne! Les paroles de Geoffroy Duboys volaient de bouche en bouche, et on n'entendait que le retentissement de ces mots : « Beaumanoir, bois ton sang et tu seras désaltéré! » Et la foule se pressait autour du maréchal blessé, et donnait les preuves d'un enthousiasme inexprimable. Ores et depuis, ce fut le cri de guerre de la lignée de Beaumanoir. »

Il y eut grande réjouissance dans la cité de Josselin; les églises se remplirent d'habitants, et des actions de grâces furent rendues au ciel comme si ce combat, qui n'eut en réalité aucun résultat remarquable, venait de délivrer la Bretagne de l'oppression des Anglais.

Vers le soir, le bruit se répandit qu'aucun des blessés n'était en danger de mort, et que Robert de Beaumanoir serait bientôt rétabli; enfin, que le lendemain aurait lieu la cérémonie funèbre pour les morts, et cela selon une ancienne coutume que la guerre continuelle qui désolait la Bretagne depuis tant d'années avait laissé tomber en désuétude.

Nous allons donner le récit de cette cérémonie funéraire, dont on ne trouve aucune mention dans les historiens de la Bretagne, et dont la légende seule a conservé le souvenir.

Dom Pézeron pensait qu'elle remontait à la plus haute antiquité, et l'attribuait aux premiers druides venus de l'orient. Peut-être serait-il plus supposable de la faire remonter aux temps de la chevalerie, qui virent les héros de la Table Ronde et les Tristan du Lac.

Nous prévenons le lecteur que nous ne nous servirons pas du langage dans lequel cette cérémonie est décrite : il est trop suranné et serait fort peu compris des lecteurs de notre temps.

VII. — La veille des morts (1). — Sa description. — Cérémonie
funéraire conforme à un ancien usage tombé en désuétude. —
Noms des combattants des deux côtés. — Courtes observations.

Josselin possédait une antique abbaye fondée par
saint Josse, frère de Judicaël, duc de Bretagne,
en 630. Sous les larges dalles de granit de l'église
de cette abbaye, reposaient les restes mortels des
personnages les plus illustres de la contrée. Ce fut
ce lieu sacré que l'on choisit pour rendre à la terre
les corps des quatre combattants qui avaient succombé dans la lande de Haësland (nommée aujour-
d'hui la Croix Haësland.)

Dès la veille, au tomber du jour, les corps, revêtus
de leurs armes, dans l'état où les avait mis l'ardente
mêlée, furent dressés contre des poteaux, leurs armes offensives à la main.

La nef était tendue de draperies noires ; un grand
nombre de cierges de cire jaune éclairaient la lugubre enceinte. Devant chaque corps se tenaient, armés
et immobiles, les écuyers et les coutilliers attachés à
leurs personnes durant leur vie. Ils faisaient la veille

(1) Les chroniques nomment veille des morts et non veillée, ce
qui se passait la veille de la cérémonie funèbre ; comme elles
disent aussi veille des armes, la nuit qui précédait la nomination
d'un chevalier.

des morts. En face, et sur une haute estrade, l'abbé entouré des moines récitait à haute voix un verset des prières des morts que les assistants répétaient.

Cette cérémonie dura jusqu'à minuit ; aux premiers tintements de la cloche, l'abbé descendit de l'estrade, et, suivi de ses moines, il fit trois fois le tour de l'espace occupé par les corps des chevaliers, les aspergea trois fois d'eau bénite, puis le cortége s'écoula lentement en prononçant ces mots : *Requiescant in pace !*

Les écuyers et les coutilliers firent le salut des armes, puis se retirèrent, ne laissant que deux veilleurs et dom Gilbert, qui priait agenouillé devant l'autel.

Si les autres tenants, dit naïvement la chronique, n'assistèrent point à cette veille des morts, c'est qu'ils étaient revenus du combat en si piteux état, que le repos leur valait mieux que la veille.

Dès l'aube du matin, toutes les cloches des églises commencèrent le lent et plaintif *sonnement* du glas.

Grand fut l'empressement des habitants à quitter leurs demeures et à se rendre aux portes de l'abbaye, mais ils les trouvèrent gardées par un détachement de la garnison, et il lui fut signifié que l'entrée ne leur en serait permise qu'au moment de la cérémonie funéraire.

C'est qu'alors les parents et les amis des morts

leur faisaient les derniers adieux, et qu'il était indigne de gens de noble race de laisser le populaire témoin de leurs douleurs et de leurs larmes. Un chevalier tombé sur le champ de bataille ne devait être pleuré qu'en secret.

Vers les dix heures, les trompettes retentirent, et ceux des chevaliers blessés qui purent être transportés sans danger, entourés de leurs frères d'armes, arrivèrent en bel ordre. Alors l'entrée de l'église fut permise au populaire, qui alla s'agenouiller silencieusement sur les dalles latérales couvertes d'une épaisse couche de paille (1).

La cérémonie commença; toute la clergie de la ville, en habits de deuil, y était; en tête l'abbé et tous ses moines.

C'était un grand crève-cœur, dit la chronique, de voir si nobles chevaliers raidis par la mort et soutenus par des pieux, eux qui avaient montré tant de courage et tant de vigueur de membres. C'était aussi grand'pitié de voir les blessés, qui étendus sur des brancards, qui soutenus par des serviteurs, « car le nombre des restants valides était petit. »

(1) Anciennement on couvrait le sol des églises de paille pour mettre les assistants à l'abri de l'humidité, obligés qu'ils étaient de s'asseoir sur la pierre nue faute de chaises ou de bancs. Cette coutume existait encore avant la révolution de 89 dans la partie de la Bretagne nommée le Breyzad, c'est-à-dire celle où l'on parlait seulement le celtique désigné aujourd'hui sous le nom de Bas-Breton.

Ce fut grande solennité funéraire ; des chants bien propres à toucher le cœur entremêlés des sons plaintifs des trompettes.

En face du chœur quatre grosses et longues dalles se voyaient soulevées, et des trous noirs et profonds s'offraient aux regards. Alors la clergie fit trois fois le tour du corps, qu'elle aspergea d'eau bénite en chantant les prières funèbres, et fit emporter les corps vers les dalles, sur lesquelles chaque corps fut déposé par des hommes d'armes.

A cet instant les chevaliers qui pouvaient se tenir debout s'approchèrent l'un après l'autre des corps, et se penchant à leurs oreilles, ils y murmurèrent des paroles à voix basse, comme si ces oreilles pouvaient encore les percevoir. Mais les assistants ne les entendirent point, car ils parlaient aux âmes des morts (*sic*).

Chacun déposa un souvenir sur les corps ; c'étaient des gantelets, des fers de lances, des épées et des dagues. Puis, en se retirant ils prononçaient ces mots à haute voix : « Frères d'armes, adieu ; attendez-nous dans le Paradis, où vont les braves et loyaux chevaliers... Adieu... »

(1) Une ancienne superstition, peut-être existant encore dans quelque coin reculé de la Bretagne, ajoutait foi à une ancienne tradition c'est que les vivants pouvaient charger les morts de porter dans l'autre vie de leurs nouvelles à ceux qui n'étaient plus.

4

La voix des blessés, qui avaient aussi fait porter leurs souvenirs sur les morts, s'éleva alors, mais faible et bien différente de celle du champ de bataille. Elle répétait les mêmes adieux.

Alors on descendit les corps dans les fosses, tout armés qu'ils étaient, et des fosses sortit un bruit sourd de fer comme un grincement lugubre.

Quand les dalles s'abattirent sur les fosses, ce fut parmi les assistants un frémissement qui ressemblait à de la terreur.

Tout est terminé, nobles et populaire se retirent lentement, tristement. On eût dit que chacun avait perdu un frère.

L'impression de tristesse qu'avait laissée cette cérémonie fut distraite par un bruit étrange qui venait de se répandre dans la ville. Des manants arrivés des environs de Ploërmel rapportaient que les Anglais, qui n'avaient rendu à leurs morts que les honneurs militaires, venaient d'être frappés d'épouvante : en descendant dans la fosse la longue et large bière du capitaine Bembrough, ils l'avaient trouvée si légère, qu'ils s'étaient décidés à l'ouvrir. La bière était vide, et malgré toutes les recherches il avait été impossible de trouver le cadavre de Bembrough.

Bembrough avait si cruellement traité les prêtres et les moines, pillé et incendié tant d'églises et de monastères, que le bruit se répandit aussitôt que le diable l'avait enlevé durant la nuit.

Nous terminerons ce récit en donnant les noms des combattants, tels que tous les auteurs s'accordent à les rapporter (Daru, *Histoire de Bretagne*). On ne varie que sur trois ou quatre. Ce qui doit étonner, c'est que les différents récits ne donnent ni les noms des tués ni celui des blessés.

BRETONS.

CHEVALIERS.

Robert de Beaumanoir.
Le sire de Tinténiac.
Guy de Rochefort.
Yves Charuel.
Robin Raguenel.
Huon de Saint-Yvon.
Caro de Bosdégat.
Olivier Arel.
Geoffroy Duboys.
Jean Rousselet.

ÉCUYERS.

Guillaume de Montauban.
Alain de Tinténiac.
Tristan de Pestiviers.
Alain de Kéranré.
Olivier de Kéranré.
Louis Goyon.

ANGLAIS.

CHEVALIERS.

Richard Bembrough.
Robert Knoles.
Hervé de Lexualen.
Richard de Lalande.
Thuomelin Billefort.
Thuomelin Walton.
Hue de Caverlé.

ÉCUYERS.

Jean Plesanton.
Richard Le Gaillard.
Hugues Le Gaillard.
Hucheton de Clamaban.
Repefort.
Jennequin de Gnenu-
  champ.
Hennequin Herouard.
Jannequin Le Maréchal
Boutet d'Aspremont.

Geoffroi de La Roche.
Guyon de Pont-Blanc.
Geoffroi de Beaucorps.
Maurice du Parc.
Jean de Sérent.
N. Fontenai.
Huguet Trapus.
Geoffroi Poulard.
Maurice de Tronguidy.
Guillaume de Lalande.
Olivier de Monteville.
Simon Richard.
Guillaume de la Marche.
Geoffroi de Méllon.
Geslin de Tronguidy.

GENS D'ARMES.

Crokard.
Gauthier Lallemand.
Robinet Melipars.
Ysannet.
Jean Roussel.
Dagorne.
Hulbitéc.
Helcoq.
Hélichon le Musard.
Troussel.
Robin Adès.
Perrot de Gannelon.
Guillemin Le Gaillard.
Raoul Prévost.
Dardaine.

—

Il est à remarquer que les chevaliers bretons furent au nombre de dix, tandis que les chevaliers anglais n'étaient qu'au nombre de sept; que pas un homme d'armes ne combattit dans les rangs bretons, mais que, pour compléter le nombre de trente et un, y compris le chef Robert de Beaumanoir, les Bretons prirent des écuyers.

En prenant des hommes d'armes, Bembrough avait fait un calcul facile à comprendre : tous les hommes d'armes étaient des hommes faits, dans la force de l'âge; tous avaient fait leurs preuves dans les com-

! bats; tandis que du côté des Bretons, les écuyers, tous fort jeunes, n'avaient pu encore se faire admettre dans l'ordre de la chevalerie. L'avantage était donc du côté des Anglais, ce que le premier choc prouva, car il fut défavorable aux Bretons.

VARIANTES SUR LE RÉCIT DU COMBAT DES TRENTE.

On trouve dans M. Pitre-Chevalier (*la Bretagne ancienne et moderne*) quelques détails suivants : Jean II, duc de Normandie, qui succéda à Philippe de Valois, sous lequel avait été renouvelée la trève entre Charles de Blois et Jean de Montfort (juin 1350) laissa ces deux prétendants ensanglanter la Bretagne. C'est alors qu'eut lieu le célèbre combat des Trente, qu'on peut regarder comme le résumé de toutes ces guerres héroïques, combat longtemps contesté par quelques sévères historiens, mais établi désormais sur des témoignages irrécusables : le poème contemporain découvert à la bibliothèque royale, et le chapitre de Froissart, restitué par le savant éditeur Buchon.

Compatissant pour les hommes de peine au milieu des brutalités de la guerre, Thomas d'Ayworth était

convenu avec les principaux chefs franco-bretons
qu'on respecterait de part et d'autre les travaux,
les maisons et les personnes des laboureurs et des
commerçants, mesure nécessitée d'ailleurs par la
famine qui menaçait de devenir permanente en Bretagne. Mais à peine d'Ayworth eut-il été tué par le
transfuge Cahours, que le capitaine anglais Bembrough prit le commandement à Ploërmel pour
Edouard III et Montfort.

Sur la route, Beaumanoir rencontra des paysans
traînés par des soldats anglais, les fers aux mains et
les entraves aux pieds, attachés par deux ou trois
comme des bêtes de somme. Emu de pitié et d'indignation, il reprocha vivement à Bembrough cette
violation des traités. Bembrough lui répondit en le
sommant de se taire, et le menaça de voir Montfort
maître de toute la Bretagne, et les Anglais maîtres
de toute la France.

— Bercez-vous d'un autre rêve, répondit vivement Beaumanoir, et délivrez d'abord ces personnes.

— Pour commander ainsi aux Anglais, répliqua
Bembrough, il faudrait d'autres hommes que des
Bretons.

— Eh bien! dit Beaumanoir, choisissez un lieu et
un jour, afin que les guerriers seuls portent le poids
de la guerre; prenez trente Anglais, je prendrai

trente Bretons, et nous verrons qui a meilleur cœur et meilleure cause.

Bembrough accepta le défi ; rendez-vous fut pris pour le samedi suivant, au chemin de Mi-Voie, dans les landes de la Croix-Helléan, entre Ploërmel et Josselin, et chaque capitaine s'occupa de choisir ses compagnons.

Bembrough ne put trouver dans sa troupe que vingt hommes dignes de sa confiance ; il s'adjoignit six Allemands et quatre Brabançons.

Le jour venu, chefs et champions entendirent la messe et se rendirent au lieu désigné ; ils étaient armés de lances, d'épées, de poignards, de fauchards (ou sabre recourbé), de brasses d'acier et de maillets de fer. On voit que la plupart de ces armes étaient faites pour un combat à pied, combat que les chevaliers de ce temps préféraient d'ailleurs particulièrement en champ clos. Aussi tous, d'un commun accord, descendirent de cheval en arrivant sur le pré. Il est à présumer cependant que chacun était libre de reprendre sa monture, car on va voir un des Bretons user de ce droit, et personne ne lui en a fait un reproche.

Les harangues faites de part et d'autre, et malgré la prophétie de Merlin qui lui promettait la victoire, Bembrough eut un scrupule. Il proposa de remettre la partie pour obtenir l'autorisation de leurs princes respectifs; mais les Bretons répondirent tout d'une voix que ce serait prêter à rire aux assistants, et le signal du combat fut donné.

Au premier choc, les Bretons eurent le désavantage. Loin de perdre courage, Beaumanoir et les siens multiplièrent leurs coups. Les armes jettent des éclairs, la terre tremble sous les pieds des combattants, la sueur et le sang coulent à flots, chaque tourbillon de poussière dérobe un duel à mort. Exténués enfin, à bout de force et d'haleine, les deux partis s'arrêtent pour se reposer et se rafraîchir.

Les Bretons n'étaient plus que vingt-cinq contre trente. Beaumanoir les ranime du geste et de la voix.

— Je me battrais mieux si j'étais chevalier, dit Geoffroi de La Roche.

— Eh bien! tu vas l'être, répondit le maréchal.

L'écuyer dépose ses armes et se met à genoux. Son parrain lui rappelle les hauts faits de ses aïeux, surtout de Budes de La Roche, son père, fléau des Sarrasins de l'orient, puis il lui donne l'accolade et lui remet ses armes. Geoffroi se relève chevalier et le combat recommence.

Bembrough fond sur Beaumanoir, le saisit à bras-le-corps, et lui crie :

— Rends-toi, Robert, je ne te tuerai pas.

— C'est ta vie qui sera mienne ce soir, repart le maréchal en se défendant avec vigueur.

Aussitôt Alain de Kéranré et Geoffroy Duboys viennent à son aide. D'un coup de lance le premier renverse Bembrough, le second lui passe son épée au travers du corps.

Les Anglais étaient perdus dès-lors sans l'intrépide Crokard.

— Tenez ferme, compagnons, c'est moi qui vous commande à présent; nos épées valent mieux que les prophéties de Merlin.

Les rangs se resserrent et la mêlée redevient furieuse.

Délivrés par la mort de Bembrough, les prisonniers bretons rentrent dans la lice. D'Ayworth et deux Allemands tombent sous leurs coups. Crokard, Knoles et Bellifort vengent leurs camarades en blessant Beaumanoir.

Vaincu par la chaleur, la fatigue et l'inanition (le maréchal avait pieusement jeûné), couvert de sueur, de poussière et de sang, Beaumanoir éperdu demande à boire.

— Bois ton sang Beaumanoir! lui répondit une voix bretonne, la voix de Tinténiac, suivant les uns, de Geoffroy Duboys suivant les autres. Qu'importe, si tous les deux en étaient capables!

A ce mot sublime, le maréchal retrouve son

4.

énergie et retombe comme la foudre sur les Anglais.

Cependant rien ne pouvait ouvrir les rangs de ceux-ci, serrés comme une maille de fer, lorsque Guillaume de Montauban, qui respirait à l'écart, chausse ses éperons, s'élance sur son cheval, et fait semblant de fuir.

— Ah! mauvais écuyer, lui cria Beaumanoir, cette lâcheté déshonore à jamais ton nom.

— Tiens bien de ton côté, répondit Montauban, je vais besogner du mien.

Et lançant son cheval au plus fort des ennemis, il rompt leur bataillon, les culbute les uns sur les autres, et assure la victoire à ses compatriotes.

La meilleure partie des Anglais reste sur le champ de bataille avec les quatre Bretons. Knoles, Kaverley, Bellifort, Crokard, etc., rendirent les armes. Ce dernier fut proclamé le meilleur combattant parmi les vaincus. Tinténiac le fut de même parmi les vainqueurs. Beaumanoir, bois ton sang! resta le cri de guerre des Beaumanoir. Célébré par les poètes, chanté par les ménestrels, représenté sur les tapisseries, le combat de Mi-Voie devint si fameux, qu'on disait un siècle après, en parlant des plus belles batailles, qu'on s'y battit comme au combat des Trente.

Quel qu'ait été dans sa forme le défi du maréchal Beaumanoir, son intention réelle était de protester par l'épée des Trente, contre les excès de la domination anglaise, et, si la victoire de Mi-Voie ne put terminer une guerre interminable, elle eut du moins pour effet de relever les espérances patriotiques en humiliant l'arrogance des étrangers. Le coup qu'elle leur porta fut si violent et si efficace, qu'après treize années de séjour en Bretagne, ils en gardaient encore les marques. Honneur donc, et honneur éternel aux héros bretons de Mi-Voie !

Le voyageur qui va de Ploërmel à Josselin, ajoute le même écrivain auquel nous avons emprunté ce récit, entre dans une aride et vaste lande, sans verdure et sans arbres, tapissée de cette rude bruyère d'Armorique dont la fleur rend à peine une étincelle rouge aux plus vifs rayons du soleil. Au centre de cette lande, à égale distance des deux côtés, s'élevait autrefois le chêne séculaire qui avait ombragé les champions de Mi-Voie. Vers la fin du seizième siècle, la cognée de la ligue jeta par terre ce témoin du combat des géants. Une croix de pierre remplaça le chêne ; elle fut abattue en 1775 et remplacée par une autre croix qui portait cette inscription : « *A la mémoire perpétuelle de la bataille des Trente, que M. le maréchal de Beaumanoir a gagnée en ce lieu le 27 mars, l'an* 1350. »

En 1793, cette croix fut abattue ; mais en 1813 un monument fut élevé à la place. Ce monument, que

chacun peut voir aujourd'hui, est un obélisque haut
de quinze mètres, large à la base de un mètre
soixante centimètres et de un mètre à son sommet.
Formé d'assises de granit ayant chacune soixante
centimètres, il occupe le centre d'une étoile plantée
de pins et de cyprès, dont la plus grande largeur
est d'environ cent quarante mètres. Sur la face de
l'est, on lit ces mots : « *Sous le règne de Louis XVIII,
roi de France et de Navarre, le conseil général du département du Morbihan a élevé ce monument à la
gloire des trente Bretons.* » La face ouest porte la
même inscription en langue celtique. Au sud sont
gravés les noms des combattants, au nord la date du
combat.

FIN DU COMBAT DES TRENTE.

NOTICE HISTORIQUE.

Le père Paul dom Pézeron, des manuscrits inédits duquel nous avons tiré le récit du combat des Trente, naquit à Hennebon en Bretagne, l'an 1639, se fit Bernardin dans l'abbaye de Prières, en 1661. Reçu docteur en Sorbonne en 1682, il fut régent au collége des Bernardins à Paris, avec autant de zèle que de succès. Chargé de plusieurs emplois honorables par son Ordre, il montra beaucoup d'amour pour la discipline monastique. En 1697, il fut nommé abbé de la Charmoie; mais son amour pour l'étude l'engagea à donner en 1703 la démission de son abbaye, dont il ne se réserva rien. Ce fut alors qu'il se livra au travail le plus assidu et le plus constant. Doué d'une mémoire prodigieuse, son érudition était profonde et presque générale. Nous ne mentionnons point ici les principaux essais sortis de sa plume; le seul auquel semblent se rattacher nos deux récits a pour titre : « De l'antiquité de la nation et de la langue des Celtes, autrement appelés Gaulois. »

Dom Pézeron aimait sa patrie avec passion; pour faire distraction à ses études aussi sérieuses que profondes, il recueillait toutes les légendes répandues dans le pays; mais comme il ne les regardait que comme des distractions agréables, et les laissa toutes en manuscrits.

La famille de dom Pézeron était probablement

nombreuse, puisqu'il parle de plusieurs frères établis dans la Bretagne. Le nom de cette famille se perpétue jusqu'à la révolution de 89, puisque lors de la prescription du clergé, un prêtre du nom de Pézeron passa en Angleterre comme émigré. De retour en France lors de la réouverture des églises, il fut nommé recteur (curé) de la paroisse de Romagné. C'est dans cette paroisse que nous l'avons connu. Il possédait de nombreux manuscrits, fort lacérés, troués par les vers, mais enfin présentant quelquefois des récits assez suivis. A sa mort, sa succession échut à des parents de la basse Bretagne : ceux-ci, peu soucieux des manuscrits, les vendirent comme papiers inutiles. Plusieurs d'entre eux furent recueillis par nous, et nous ont servi à la composition des deux récits que nous livrons au public.

Quant à Jehan Lequinio, le hasard nous fit rencontrer dans notre jeunesse, et parmi les débris des manuscrits trouvés dans l'abbaye de Saint-Pierre de Rillé, en Bretagne, un manuscrit enluminé, aujourd'hui en possession d'un membre de l'Institut, et qui portait la signature du père Jehan Lequinio, qui avait été tué à la bataille d'Auray. Ce manuscrit fort remarquable porte des enluminures bizarres, mais toutes d'un trait délié. Il est en langue grecque. Chaque verset a une couleur différente. Il est probable que ce manuscrit, intitulé *Heures mystiques,* fut écrit dans les débuts de Jehan Lequinio dans l'art de copiste et d'enlumineur.

HISTOIRE

DE JEHAN LEQUINIO.

Dans le récit du combat des Trente, nous avons vu
le petit Jehan Lequinio jouer un rôle bien modeste;
grâce à l'intérêt qu'il inspira à dom Gilbert, il va
sortir de sa condition infime et va, comme on le dit
ordinairement, devenir quelque chose. C'est probablement à cause de cela que dom Pézeron, le savant
bénédictin, s'est plu à lui donner une assez grande
place dans ses chroniques.

Avant l'invention de l'imprimerie, nous aurions
perdu tous les les chefs-d'œuvre intellectuels de l'antiquité sans les travaux des moines. Ces hommes,
que l'on a tant dénigrés, s'occupaient, dans le silence

des monastères, à étudier et à copier les manuscrits
que leurs prédécesseurs avaient sauvés de la destruction des barbares. Frappés d'admiration à la vue
de quelques manuscrits enluminés échappés à la
rage de destruction des images qui, en 730, avait
possédé l'empereur Léon l'Isaurien, surnommé l'Ico-
noclaste, et qui avaient été transmis de cloîtres en
cloîtres et étaient parvenus jusque dans les bibliothèques des rois de la race carlovingienne, les
moines se mirent à copier ces manuscrits, puis à en
imiter les enluminures, en y ajoutant de nouvelles, souvent bizarres, mais toujours remarquables
par le fini du travail et la pureté du trait.

L'art de l'enluminure remonte à une plus haute
antiquité qu'on ne serait porté à le croire. La
bibliothèque du Vatican possède un Virgile qui est
une véritable merveille. On y trouve aussi un calen-
drier copié par ordre de Lambessius. Fabricius pré-
tend que le traité hebdomadaire *de imaginibus libri*
fut composé par Varron. Il existait donc déjà une
iconographie romaine. De Rome, l'art de l'enluminure passa à Constantinople; les empereurs byzan-
tins lui firent subir de notables perfectionnements,
et les princes de la race carlovingienne, séduits par
le luxe de ces manuscrits aux resplendissantes couleurs de pourpre, d'azur et d'or, en enrichirent
leurs bibliothèques. Constantinople tint à honneur

de rassembler dans son sein tout ce que l'iconographie avait produit et produisait de plus précieux. Des
trésors inestimables, brodés au pinceau sur le vélin,
furent assemblés dans une vaste bibliothèque, autour de cette fameuse copie des Evangiles, relevée
en plaques d'or du poids de quinze livres, et toute
parsemée de pierreries, qui forment le principal
joyau de cette riche mine que l'art et l'érudition de
tant d'hommes avait comblée.

En 730, l'empereur Léon l'Isaurien, ennemi
acharné des images introduites dans les objets ser-
vant au culte, enjoignit au bibliothécaire Laécuménique de renoncer à cet usage; or, Laécuménique
était un artiste, et comme tel, il chérissait les fraî-
ches et belles productions écloses sous ses pinceaux
et ceux de ses condisciples; il refusa d'obéir aux
ordres de l'empereur. Celui-ci, exaspéré, fit mettre le
feu à la bibliothèque.

Laécuménique et douze copistes trouvèrent la
mort sur cet immense bûcher, qui rappelait celui qui
fut allumé à Alexandrie par le fanatisme oriental.
(Achille Simon.) D'autres persécutions iconoclastes
suivirent de près cet acte de vandalisme, et les arts
chassés de la Grèce vinrent chercher un refuge dans
nos cloîtres. Les moines se livrèrent avec ardeur à
la copie et à l'enluminure des manuscrits. Alcuin, le
célèbre précepteur de Charlemagne, avait donné

dans les couvents d'occident l'exemple d'un amour
sans bornes pour l'iconographie. Si l'on en croit
Baluze, il serait même l'auteur de la Bible de la
Vallicellane, faussement attribuée au moine Am-
broise Ausper. Dans les cloîtres, les frères les plus
âgés, instruits par une longue expérience théorique
et pratique, enseignèrent leur art aux plus jeunes.
C'est ainsi que l'enluminure, élevée au rang de pro-
fession noble et libérale, demandant à la fois la
patience, l'intelligence et même le génie, atteignit
un haut degré de perfection. A la fin du XIIIᵉ siècle,
l'art de l'enluminure était dans toute sa splendeur ;
rois et grands seigneurs s'étaient épris de belle passion pour les manuscrits de cette époque. Ces
manuscrits se vendaient, relativement au temps, des
prix exorbitants. Nous trouvons à ce sujet des détails
curieux dans l'inventaire de la bibliothèque du duc
de Bourgogne, grand protecteur des copistes et enlumineurs.

« Le duc paye à Jacques Raponde trois cents
livres (2124 fr.), pour trois livres appelés *la Fleur
des istoires de la terre d'Orient*, escripts en latin, de
fourme istoriée, couverts de veluiau. »

« 1382. Le duc paye à Henriot Garnier, Breton,
soixante-douze livres (511 fr.), pour un livre appelé
les Chroniques des Roys de France. »

« 1409. Le duc achète de Pierre Linfol, libraire à

l'Université de Paris, pour cent cinquante écus d'or
(2250 fr.), un livre en français, nommé *Valère le
Grand.* » (Achille Simon.)

Dom Gilbert avait une grande réputation dans l'art
de l'enluminure, et la méritait assurément. Aussi,
dès qu'il se fut retiré à Josselin, le supérieur de la
belle abbaye de cette ville s'empressa-t-il de le fixer
auprès de lui. C'était une bonne fortune pour dom
Gilbert : l'abbaye possédait un certain nombre de
manuscrits très anciens, dont quelques-uns étaient
richement enluminés. Cependant dom Gilbert mit
une condition à son consentement; il demanda que le
petit Jehan Lequinio demeurât attaché à sa personne
et sous sa surveillance particulière. Ce bon religieux,
qui s'était occupé de l'instruction de Jehan, avait remarqué en lui des dispositions étonnantes pour
l'écriture, et une imagination singulière dans cer-
tains portraits tracés au charbon sur les murs de sa
chambrette. Il voulut que son art chéri s'enrichît
d'un nouvel enlumineur qu'il aurait formé.

Jehan, installé dans une petite cellule, attenante
d'un côté à la bibliothèque de l'abbaye et de l'autre
à la cellule de dom Gilbert, se crut le plus heureux
gars du duché de Bretagne. Il prit la ferme résolution de prouver sa reconnaissance à son protecteur,
par son attention et sa soumission à tout ce qu'il
exigerait de lui. Ce fut en traçant les lettres sur le

parchemin qu'il apprit à lire. Dom Gilbert avait
imaginé ce moyen pour hâter son instruction, car,
dit dom Pézeron, ce qui nous vient par les yeux im-
pressionne plus l'esprit que ce qui vient par les
oreilles. C'étaient ces deux moyens que dom Gilbert
employait pour instruire son protégé. Il lui faisait
tracer une lettre en indiquant de la voix le son
qu'elle avait, puis, quand le mot était écrit en entier, il le prononçait, et le faisait répéter à son élève
d'abord lettre par lettre, puis en entier. Jehan fit
des progrès si rapides qu'il étonna son maître; mais
ce qui le charmait le plus, c'était la pureté et la
facilité avec lesquelles Jehan copiait son modèle.

—Tu deviendras célèbre, lui disait le bon moine;
j'ai deviné ton talent, en examinant ce que tu char-
bonnais sur les murs de ta chambrette.

La satisfaction qu'il éprouvait lui faisait oublier
qu'il est souvent dangereux d'éveiller la vanité et
l'orgueil dans l'esprit d'un jeune homme. Ces sentiments surgissent assez d'eux-mêmes et n'ont pas
besoin d'être excités.

Non content de prodiguer en particulier des louan-
ges à son élève, dom Gilbert, avec un certain orgueil, mettait sous les yeux des moines qu'il instrui-
sait aussi dans l'art de la copie des manuscrits, les
pages tracées par son élève, et à force d'en faire
ressortir toute la perfection, il blessa l'amour-propre

d'un jeune moine, fils cadet d'une noble famille. Nous verrons ce qui en advint pour le jeune Lequinio.

La règle de l'abbaye ne permettait pas d'admettre au réfectoire et à la salle d'études le fils d'un manant qui n'était engagé par aucun vœu. N'ayant d'autre caractère que celui d'un intrus toléré par égard pour dom Gilbert, on regardait Jehan d'un mauvais œil, et son existence n'eût guère été supportable pour lui, dont la vie s'était passée au grand air et dans la familiarité de ses parents, si l'affection de son protecteur et l'amour qu'il ressentait pour son travail ne lui eussent rendu la vie douce, surtout quand il la comparait à son existence passée. Aussi, dès le point du jour reprenait-il un travail si attrayant pour lui, espérant toujours obtenir les éloges de son bon et excellent maître.

Un assez long temps s'est écoulé, et le jeune élève de dom Gilbert, toujours appliqué et travaillant d'affection et d'ardeur, a fait des progrès si marqués, que dom Gilbert déclare froidement que, avant la fin de l'année, il sera le plus habile copiste enlumineur du duché de Bretagne. Comprenant que la position de son élève paraissait équivoque dans l'abbaye, dom Gilbert lui conseilla de faire des vœux qui lui donneraient une position dans l'abbaye de Josselin.

Cette proposition chatouilla l'amour-propre du fils

Lequinio. L'étude avait développé son intelligence, et les éloges journaliers de son protecteur avaient développé son ambition; aussi entrevoyait-il avec joie le jour où il pourrait prendre une place dans l'abbaye, et sortir de l'isolement que faisaient autour de lui sa position actuelle et les insinuations du jeune moine jaloux de sa supériorité comme copiste enlumineur. Il se montra donc disposé à faire ce que dom Gilbert lui proposait; il le pria même de hâter le jour où il serait appelé devant le chapitre pour subir l'espèce d'examen de capacité exigé par la règle. Dom Gilbert s'en ouvrit à messire l'abbé, qui se montra très désireux d'attacher un sujet si distingué à l'abbaye de Josselin, déjà depuis longtemps célèbre en Bretagne. Il ne doutait pas, dit-il, que le chapitre ne donnât son assentiment à l'admission du jeune Lequinio.

Mais il comptait sans l'opposition qui lui serait faite. Aussi, grand fut son étonnement quand la majorité des gens du chapitre repoussa sa proposition, en alléguant que ce jeune manant, tout en copiant admirablement les saintes Écritures, ne les comprenait point, et ajoutant : « La lettre tue, l'esprit vivifie. »

Dom Gilbert comprit le sentiment qui inspirait les opposants; il sut en tirer parti.

— Messire abbé, dit-il, je vois que l'opposition

faite à l'admission de mon élève dans cette sainte abbaye est fondée ; je vous demande humblement de faire désigner trois de nos honorables frères pour procéder à l'examen, suivant la règle. La supériorité de copiste est reconnue de tous dans mon élève, il reste à savoir s'il comprend le sens des saintes Ecritures; c'est à cela que devra se borner l'examen.

Les opposants étaient bien convaincus du talent de copiste de Lequinio ; mais ils étaient convaincus que là se bornait tout son savoir ; la proposition de Gilbert ne fut donc point repoussée. Ils demandèrent seulement qu'on fixât l'époque où cet examen aurait lieu.

Ils comptaient qu'un long espace de temps s'écoulerait avant que le protégé de dom Gilbert fût en état de se présenter à l'examen. Avant de fixer cette époque, dit dom Gilbert, je prie messire l'abbé de faire désigner dès aujourd'hui les trois vénérables frères qui présideront à l'examen.

Cette proposition étant acceptée, on alla aux voix pour cette nomination, et le premier désigné fut le jeune moine jaloux de Lequinio. Dom Gilbert s'y attendait et n'en parut point contrarié.

Les deux autres membres se trouvèrent aussi pris parmi les opposants à l'admission de Jehan.

Le bon abbé, qui tenait beaucoup à cette admission, jeta un regard de tristesse à dom Gilbert, et, après

un instant de réflexion, il lui demanda à quelle époque il croyait que son élève pourrait être en état de
subir l'examen exigé.

— Si l'heure n'était pas aussi avancée, répondit
tranquillement dom Gilbert, je prierais nos trois
vénérables frères de faire subir, aujourd'hui même,
cet examen à mon élève.

Grande fut la stupéfaction des opposants en entendant cette réponse. Puisque un homme de science
venait de la faire d'un ton si affirmatif, c'est que son
élève possédait d'autres connaissances que celles
d'un copiste. Mais il n'y avait point à revenir sur la
décision du chapitre. Comme le grand Pardon (1) de
la ville de Josselin devait avoir lieu le lendemain,
le jour de l'examen fut remis à huitaine, et le chapitre se retira.

Quand dom Gilbert annonça cette décision à son
élève, celui-ci n'en fut point contrarié; il avait encore huit jours pour se fortifier sur les matières qui
faisaient le but de l'examen, et dom Gilbert, qui connaissait ces matières, ne manquerait pas de les lui

(1) En Bretagne, les villes et les bourgs ont toujours eu des
fêtes religieuses le jour de leurs saints patrons. Elles se célébraient
avec autant de pompe que le comportait la ville ou la paroisse.
Tout ce qui appartenait de près ou de loin au clergé régulier et
séculier y assistait en procession. Ces fêtes, dans plusieurs parties
de la France, se nomment fêtes votives.

indiquer et de les lui rendre plus familières. Il es-
péra donc un succès.

Depuis dix-huit mois qu'il se trouvait sous un
maître qui avait une haute réputation de science, et
qui lui prodiguait ses soins pour l'instruire, il avait
acquis beaucoup, ayant une forte volonté et de
grandes dispositions naturelles à s'instruire. Une
chose lui servit encore beaucoup : les moines de ce
temps, trouvant la langue dite breyzad trop grossière, et étant peu familiarisés avec un français tout
aussi grossier, ne s'entretenaient ordinairement
qu'en latin. Leurs lettres, leurs écrits étaient tous
dans cette langue, ainsi que les actes publics.
Lequinio avait donc appris le latin comme un enfant
apprend sa langue maternelle, en l'entendant parler.
Cette connaissance lui rendait le travail de copiste
plus attrayant, car dom Gilbert s'occupait plus des
manuscrits anciens que des modernes, alors en petit
nombre, et qui ne traitaient que de la liturgie et des
noëls (1) ou prières, chantés ou récités dans les
églises et chapelles.

Un événement inattendu vint changer la condition
de Jehan Lequinio. La copie d'un manuscrit admira-

(1) On trouve encore, de notre temps, des fermes bretonnes où
se réunissent, les soirs de l'hiver, les voisins, pour s'occuper de
travaux de main, et tandis que les hommes travaillent, les femmes,
tout en tournant leurs fuseaux ou leurs rouets, chantent des noëls
ou des complaintes, espèces de légendes.

blement enluminé par lui fut envoyé au pieux
Charles de Blois, alors prisonnier à la Tour de Londres, pour le distraire des ennuis de sa captivité. Il
en fut tellement enchanté, qu'il fit savoir à son
épouse que le plus grand service qu'elle pourrait lui
rendre, serait d'attacher à sa maison un homme aussi
habile. Elle envoya aussitôt un messager à l'abbaye
de Josselin pour s'enquérir de l'habile copiste, et lui
faire la proposition de se rendre auprès d'elle, à
Dinan, où elle se trouvait alors.

Dès que cette nouvelle parvint à l'abbaye, elle y
fit naître des sentiments bien différents. Tout en
craignant de perdre un élève qu'il chérissait comme
un fils, dom Gilbert se réjouit de voir qu'une carrière nouvelle allait s'ouvrir devant lui. Les dispositions de la majorité des moines pour son protégé lui
étaient bien connues. Lequinio en avait déjà éprouvé
bien des déboires; que n'éprouverait-il pas à l'avenir? Il se réjouissait donc parce que, connaissant la
piété du comte Charles de Blois, et sa passion pour
les manuscrits enluminés, il était convaincu que son
protégé trouverait dans sa maison une carrière aussi
brillante que possible. Si, d'un autre côté, le bon
abbé regrettait un pareil sujet qui avait déjà aug-
menté la réputation de l'abbaye, il n'en était pas
ainsi de la plupart de ses moines. Ils regrettaient, non
de le voir s'éloigner de l'abbaye, mais qu'une faveur

si insigne tombât sur un manant de la classe la plus infime.

Au fond du cœur, Jehan nourrissait une ambition extraordinaire de renommée, mais son ignorance entière du monde ne portait pas ses désirs au-delà.

Un nouvel envoyé arriva à l'abbaye, avec mission de conduire le copiste enlumineur auprès de Jeanne de Penthièvre ; c'était un seigneur breton, ne connaissant que les préjugés de son temps, et ne prisant que les hommes de bonne lignée et les braves hommes d'armes.

A la vue de Lequinio, dont le travail dans une cellule close et l'application continuelle à l'étude avaient pâli le teint, il éprouva comme un sentiment de pitié ; il dit à l'abbé et à dom Gilbert qui le lui présentèrent :

— Messires moines, ce jeune gars ne me paraît pas propre à remplir la mission qu'on lui destine ; il est trop faible de corps et de santé.

Les deux religieux se récrièrent contre cette opinion, et l'abbé lui objecta que depuis qu'il était à l'abbaye travaillant du lever au coucher du soleil, le jeune Lequinio n'avait jamais eu l'atteinte de la plus légère maladie.

Auffroy de Mont-Boucher, ainsi se nommait ce seigneur, après être resté quelque temps pensif, s'approcha plus près des deux moines, et leur dit

d'un ton confidentiel : « Vous savez, messires les
moines, que depuis le combat de la Roche-Derrien,
notre duc Charles est prisonnier des Anglais. On le
traite rudement dans la Tour de Londres. Il a fait
savoir à madame Jeanne de Penthièvre, aujourd'hui
chef reconnu du parti de Charles de Blois, que pour
alléger les ennuis de sa captivité, il la priait, si cela
était possible, de lui envoyer le copiste enlumineur
dont il admirait le travail. Un jeune moine de votre
abbaye a parlé de ce jeune homme à un de mes
amis, je crois que c'est par Geoffroy Duboys. Il a
ajouté qu'il le croyait très propre à remplir ces fonc-
tions auprès de notre duc Charles. Madame Jeanne
de Penthièvre m'a dépêché en son nom pour voir ce
jeune clerc ou moine, et lui rapporter ce que je
jugerais de son aptitude à remplir la mission qui lui
serait confiée. Je ne le crois pas, messires moines. »

A cette déclaration, l'abbé et dom Gilbert se regar-
dèrent avec étonnement, et semblèrent se dire :
Comment ce seigneur, qui ne connaît que le métier
de la guerre, qui, pour affirmer un écrit, appose trois
doigts de sa main, faute de savoir écrire, peut-il
juger de la capacité d'un clerc aussi distingué que
notre Lequinio?

Ils restaient silencieux. L'esprit de dom Gilbert,
plus perspicace que celui de l'abbé, soupçonna que
l'envoi d'un clerc à Charles de Blois prisonnier en

Angleterre, avait un autre but que celui de faire des copies et des enluminures; mais comme le sire Auffroy de Mont-Boucher ne s'en expliquait pas, il n'osa manifester sa pensée. Le bon abbé ne put cacher l'étonnement que lui causait la déclaration du sire de Mont-Boucher.

— Mais, lui dit-il, puisque la réputation du Lequinio est arrivée jusqu'au duc Charles, et que ce jeune clerc la mérite, pourquoi, messire de Mont-Boucher, ne vous paraît-il pas propre à remplir cette mission?

— Il me paraît trop jeune et trop faible, répondit de Mont-Boucher.

— Ce n'est donc pas pour la copie et l'enlumi-nure qu'on veut l'envoyer auprès de notre duc Charles? se hasarda à dire dom Gilbert.

De Mont-Boucher le regarda presque en souriant, et lui répondit :

— La vérité est en votre bouche, mon père. Vous êtes deux loyaux sujets de notre duc, deux fidèles Bretons; je vais vous parler à cœur ouvert.

Après la prise de son mari, à la funeste bataille de la Roche-Derrien, notre courageuse duchesse, que l'on croyait abattue par ce malheur, se mit en lieu et place de son mari, renforça les garnisons des places et châteaux qui tenaient encore pour elle, et com-muniqua son énergie à ses partisans. Un seigneur

anglais qu'elle avait gagné par ses largesses s'était
engagé à favoriser l'évasion de Charles de Blois;
mais soit trahison de sa part, soit que son projet ait
été éventé, jusqu'à ce jour aucune nouvelle favorable n'est arrivée à madame de Penthièvre. Toujours
persévérante et pleine de confiance dans la justice
de ses droits, elle veut dépêcher, sous raison plau-
sible, un homme capable de l'éclairer sur la conduite
de l'Anglais Dagworth, et en même temps de secon-
der audacieusement l'évasion de son mari de la Tour
de Londres. Vous comprenez donc bien, messires les
moines, que cette mission ne peut être confiée à un
tout jeune homme qui n'a que les talents du copiste.

— C'est la vérité, dit simplement l'abbé, je connais l'habileté et les talents de Jehan Lequinio, mais
je ne sais rien de la trempe de son caractère, ni des
ressources de son esprit. Cette mission est difficile et
dangereuse.

Soit qu'il fût aveuglé par l'affection qu'il portait à
son élève, soit qu'il eût deviné, sous ses dehors
simples et encore un peu rustiques, l'énergie de son
caractère, dom Gilbert ne craignit pas de dire :

— Eh bien! moi, sire abbé, j'affirme que si
Lequinio accepte la mission, il la remplira avec autant de courage et de dévoûment que qui que ce
soit. Rappelons-le, faisons-lui connaître tout entier
le but de la mission, et vous entendrez sa réponse.

— Fort bien, dit Auffroy de Mont-Boucher, mais qui nous garantira sa discrétion ?

— Son dévoûment à la cause de monseigneur le duc et la haine qu'il porte aux Anglais, répondit dom Gilbert.

— Cela ne suffit pas encore, objecta le chevalier. Il faut un caractère résolu, ferme, tenace ; il y aura de grands dangers à courir.

— Quant à la fermeté du caractère, j'en réponds encore, chevalier ; il a le courage et l'obstination du Breton, répondit dom Gilbert.

— Faites-le revenir, messire moine, je veux causer avec lui quelques instants, dit Auffroy de Mont-Boucher.

Jehan Lequinio rentra. Son attitude en présence de personnages d'une condition si supérieure à la sienne fut humble et respectueuse, mais ne dénota aucune crainte.

Mont-Boucher lui adressa la parole.

— Jeune clerc, tu sais déjà pourquoi je suis venu à cette abbaye, et la haute position que ton habileté peut te faire obtenir ; mais l'habileté du copiste et de l'enlumineur ne suffit pas pour la mission qu'il est question de te confier. Le danger te fait-il peur ?

Jehan, dont le regard était baissé, releva vivement la tête ; son regard se porta sur le chevalier, il répondit :

— Seigneur chevalier, je ne redoute aucun danger nécessaire.

— Et si tu ne le croyais pas nécessaire, tu le redouterais donc? demanda le chevalier, qui étudiait attentivement la physionomie de Jehan.

— Je ne m'y exposerais pas, répondit-il froidement.

— Il s'agit de délivrer monseigneur Charles de Blois, que les Anglais détiennent prisonnier dans la Tour de Londres; cette tentative offre des dangers de toute espèce, les redouterais-tu?

— Non, répondit simplement Jehan; l'Ar saos est le fléau de la Bretagne, et monseigneur Charles de Blois en est souverain légitime.

Cette réponse parut faire impression sur de Mont-Boucher, il ajouta :

— Tu es bien jeune, mon gars, et tu ne peux pas encore savoir par expérience tout ce qu'il faut de courage, de patience et même d'obstination quand on a affaire aux perfides Anglais.

— Je les connais, répondit vivement Jehan; quel est le Breton qui ne les connaisse pas?... Je suis à votre disposition, que faut-il faire?

— C'est madame Jeanne de Blois qui te le dira, répondit Auffroy de Mont-Boucher; puis, se tournant vers l'abbé, il lui dit :

— Sire abbé, je vous demande ce jeune clerc.

— Voilà celui à qui vous devez le demander, répondit l'abbé en désignant dom Gilbert; c'est lui qui l'a fait ce qu'il est.

— Qu'en dites-vous, messire moine? demanda le chevalier à dom Gilbert.

— Que la volonté de madame Jeanne de Penthièvre soit faite, et que Dieu vous soit en aide, répondit avec émotion dom Gilbert.

II. — Départ pour Dinan. — Réserve de Lequinio. — Bonne opinion du sire de Mont-Boucher. — Une bande de truands. — Précautions du sire de Mont-Boucher. — Jehan obtient une lance; son exploit contre un truand. — Singulières idées qu'il fait naître. — Jehan se laisse aller à la vanité. — Semonce du sire de Mont-Boucher. — Jehan rentre dans son rôle.

Bien que la trève existât encore, pour se rendre de Dinan, où se trouvait alors Jeanne de Penthièvre, à l'abbaye de Josselin, Auffroy de Mont-Boucher avait pris une forte escorte, il savait comment les Anglais observaient les traités. Le jeune Lequinio a fait ses adieux à son vénérable maître et protecteur avec une profonde émotion. Le bon abbé l'a recommandé au seigneur de Mont-Boucher, et a garni son escarcelle de quelques pièces blanches, en lui conseillant d'en faire bon et sage usage. Il est en route, le cœur plein d'espérance, se créant un avenir d'autant plus brillant qu'il n'avait aucune connaissance du monde, et que la jeunesse voit tout couleur de rose.

C'est à côté du sire de Mont-Boucher qu'il chevauche ; celui-ci désire connaître plus à fond l'homme qu'il conduit à sa souveraine ; mais, Jehan, qui se trouve dans une société nouvelle sous tous les rapports, et qui jusqu'ici n'a connu que l'existence du manant et la vie studieuse et solitaire du cloître, se montrait très sobre de paroles, et ne répondait que laconiquement aux questions du sire de Mont-Boucher.

Ce seigneur en tira un bon augure ; car, disait-il en lui-même, la discrétion et la force de retenir sa langue, dans la jeunesse, indique toujours un caractère réfléchi. Dieu veuille qu'il ait autant de fermeté de caractère que de retenue !

Pour être véridique, la retenue de Jehan, sans être de la timidité, provenait de son changement de situation. Avant de passer sous la bienveillante protection de dom Gilbert, il avait eu l'existence des manants de la plus basse classe ; il avait vu ses parents humbles et tremblants devant tout seigneur ; il était donc d'un respect craintif envers le sire de Mont-Boucher. Dans toute autre circonstance, celui-

ci ne l'eût pas désapprouvé, mais alors il voulait
connaître son homme, comme dit le vieux proverbe
breton, et il désirait un peu d'abandon dans l'entretien.

La manière aisée dont Jehan se trouvait en selle
lui plut. Il croyait vraiment qu'il fallait avoir reçu
l'éducation d'un page pour être bon cavalier. Il ne
réfléchissait pas que ce jeune gars, qui, dès l'âge de
sept à huit ans, avait fait trotter, voire même galo-
per dans les landes de petits bidets bretons, pleins
de feu et souvent capricieux, devait être fort à l'aise
sur une bonne selle qui valait mieux que le dos fort
maigre des montures sur lesquelles il avait appris
l'équitation.

Chose remarquable, et qui peint les mœurs che-
valeresques de ces temps, le sire de Mont-Boucher en
tira la conclusion que Jehan serait l'homme qui con-
venait à la duchesse Jeanne, et se sentit pris pour
lui d'une soudaine affection, que la rencontre qu'ils
firent d'une troupe de brabançons du parti anglais,
acheva de fortifier. C'étaient des pillards brabançons, anglais, génois et flamands; la guerre qui
désolait la Bretagne en avait attiré de tous les pays,
comme des vautours à la curée. Se voyant bien su-
périeurs en nombre à l'escorte du sire de Mont-Boucher, ils la suivirent de manière à inquiéter ce
seigneur. Il commanda à ses gens de serrer leurs

rangs et de se tenir prêts à tout événement ; puis il
dit à Jehan de passer à l'avant, puisque la bande des
pillards les suivait par derrière.

— Donnez-moi une arme, et ne vous inquiétez
point de moi, monseigneur ; j'aime mieux être acteur
que spectateur, et rendre les horions que de les recevoir comme un lâche.

— Par mon saint patron, dit en riant de Mont-
Boucher, un bon corselet te conviendrait mieux que
ta souquenille noire ! Gervais, cria-t-il à son écuyer,
donne une de mes lances (1) à ce brave petit *cloarec*.
M'est avis qu'il saura s'en servir, si ces truands lui
en fournissent l'occasion.

Un éclair de joie brilla dans les yeux de Jehan :
une lance l'élevait presque au rang d'écuyer.

L'escorte continuait sa marche avec plus de len-
teur et en bon ordre, quand elle arriva dans une
lande couverte de hautes bruyères qui gênaient la
marche des chevaux. Un sentier battu la traversait,
mais si étroit, que les cavaliers ne pouvaient le
suivre qu'à la file. De Mont-Boucher sentit que ce
serait offrir la partie trop belle aux truands, qui, à
cause de la supériorité du nombre, pouvaient attaquer le cavalier de deux côtés. Il prit donc le parti

(1) La lance était l'arme de la noblesse et des gens d'armes que
l'on voulait distinguer.

d'avancer en bon ordre malgré les difficultés occasionnées par les bruyères, et de laisser deux hommes pour servir d'arrière-garde.

Jehan demanda la permission de se joindre à eux.

— Soit, puisque tu le désires, répondit de Mont-Boucher, mais rappelle-toi que tu n'as ni cuirasse ni corselet, et que ces pillards sont tous armés et bien couverts de fer.

A la vue d'un cloarec qui venait prendre rang à l'arrière-garde, les truands poussèrent de grands éclats de rire et se répandirent en plaisanteries grossières. Un d'eux poussa son cheval en avant dans le sentier, et cria à Jehan :

— Noble chevalier de la souquenille, vous plairait-il de rompre une lance avec moi?

Pour toute réponse à cette grossière provocation, Jehan tourna bride et arriva si rapidement sur le truand, que celui-ci n'eut pas le temps de mettre sa lance en arrêt juste ; elle passa sur l'épaule gauche de Jehan, dont la lance le frappa en pleine poitrine. Mais cette poitrine était protégée par un fort corselet, peut-être même par un haubert, car la lance fut rompue, et les deux chevaux se trouvèrent poitrail contre poitrail.

Désarmé qu'il était, le pauvre Jehan allait payer cher sa témérité, mais il était doué d'un sang-froid extraordinaire. Poussant son cheval à gauche, il

saisit le bras de son adversaire, puis tournant bride,
il le désarçonna, au grand étonnement de ses compagnons. Non content de cet exploit, il se courbe rapidement, saisit la bride flottante du cheval du truand,
et reprend au galop le sentier qui le ramène à ses
compagnons.

Tout cela passa si rapidement, si inopinément, que
les truands, surtout le désarçonné, s'imaginèrent
qu'un pareil trait ne pouvait pas provenir d'un
homme, mais du démon lui-même, déguisé en
cloarec (1); ils n'osèrent plus avancer.

Faut-il le dire, le sire de Mont-Boucher, oui,
Auffroy de Mont-Boucher lui-même, qui n'avait pu
voir le stratagème employé par Jehan, eut aussi des
idées superstitieuses, et quand celui-ci revint prendre
son rang auprès de lui, il le regarda d'une manière si
étrange, que le brave gars crut lui avoir déplu; il le
supplia de ne plus le regarder avec colère, car il
avait répondu à une provocation insolente.

— Non, non, en vérité, mon gars, je ne te regarde
point avec colère, mais avec étonnement. Comment
as-tu fait pour éviter la lance du ribaud, pour briser
la tienne sur sa cotte de mailles, et enfin pour le

---

(1) Pour comprendre cette idée superstitieuse, il faut se reporter
au temps où ce fait ce passa. Tout ce qui paraissait extraordinaire
était attribué, soit au démon, soit à la sorcellerie, qui elle-même
provenait toujours du démon.

désarçonner et le mettre dans la nécessité de voler
un autre cheval?

Jehan lui raconta ses manœuvres, et le chevalier,
tout en riant, ne put s'empêcher d'admirer le sang-
froid et la prestesse de Lequinio à exécuter ce qu'il
avait calculé avec tant de rapidité.

Jehan n'était déjà plus un cloarec, fils de manant,
dans l'esprit du sire de Mont-Boucher.

Si le succès grandit un homme aux yeux des autres, il le grandit encore davantage à ses propres
yeux. C'est ce que Lequinio éprouva. Nous croyons
même qu'il alla jusqu'à oublier qu'il était le fils d'un
pauvre manant, qu'il devait tout à la bienveillante
bonté d'un religieux, et que son changement de
position résultant d'un travail assidu qui ne pouvait
porter ses fruits que dans le silence du cloître ; oui,
nous croyons que Jehan Lequinio oublia tout cela,
mais il ne connaissait pas la force des préjugés, et
lorsqu'il tenta de sortir de son modeste rôle de
copiste enlumineur (bien supérieur, croyons-nous, au
rôle de batailleur), il se heurta contre la vanité che-
valeresque, vanité fondée sur la nécessité d'avoir
sans cesse les armes à la main pour se défendre ou
se protéger. Les premiers enseignements qu'il sor-
tait de son rôle lui furent donnés par le sire de
Mont-Boucher. Celui-ci s'apercevant des libertés

trop grandes qu'il se permettait depuis son exploit, lui dit rudement :

— Tu as fait un beau coup, mon gars; tous, nous t'avons applaudi; mais comme tu n'es même pas coutillier, garde-toi de prendre le pas sur le dernier de mes hommes d'armes. Nous avons plus besoin de lances que de velins écrits et enluminés.

Jehan sentit amèrement ces paroles; il rentra dans son rôle, mais il se promit de tout faire pour arriver à une position qui le mît à l'abri de telles semonces. Nous l'avons dit au commencement de ce récit, les éloges de dom Gilbert avaient éveillé en lui la vanité et l'ambition.

III. — Entrevue de Lequinio avec la duchesse. — Il est envoyé à Londres. — Charles de Blois instruit de son projet. — Soupçons du gouverneur. — Jehan mis en chartre privée. — Inutilité de ses rapports. — Diverses aventures. — Retour en Bretagne. — Rencontre avec Duguesclin. — Appelé auprès de Charles de Blois, il est tué avec lui à la bataille d'Auray.

Le sire de Mont-Boucher est arrivé à Dinan. Avant de raconter la présentation de Lequinio à Jeanne de Penthièvre, femme de Charles de Blois, il est nécessaire de faire connaître cette femme remarquable, qui montra tant d'héroïsme et de constance dans la défense des droits de sa famille, durant la captivité de son mari.

Jeanne de Penthièvre, dite la Boîteuse, était fille de Guy, comte de Penthièvre, second frère de Jean III, duc de Bretagne, mort sans enfants quoiqu'il eût été marié trois fois. Guy de Penthièvre, mort depuis six ans, n'avait laissé qu'une fille mariée à Charles de Blois, de la maison de Châtillon, et neveu du roi de France. C'est comme héritière des droits de son père que Jeanne réclamait la possession du duché de Bretagne, contrairement aux prétentions de Jean de Montfort, troisième frère du défunt duc. Jean de Montfort prétendait être appelé au trône de préférence à sa nièce, et, il faut le dire, la majorité des seigneurs bretons et des évêques, dont la puissance était grande, penchait pour la cause de Montfort; mais à cette époque les principes sur les droits de succession, sur la préférence réclamée par un sexe, et l'exclusion donnée à l'autre, étaient encore fort incertains.

C'est cette incertitude qui donna naissance à la longue guerre civile d'une durée de vingt-trois ans, et dans laquelle périrent plus de deux cent mille hommes, et qui laissa la Bretagne épuisée, presque à la merci des Anglais. Dès que Jeanne de Penthièvre eut appris la défaite de son mari à la Roche-

Derrien, et qu'il venait d'être emmené captif en Angleterre, sans perdre courage elle convoque à Dinan
(1352) tous les partisans de son mari, pour aviser
aux moyens de lui rendre la liberté. Les mesures
qui furent prises n'ayant produit aucun bon résultat,
Jeanne chercha un autre moyen. Voici celui qu'elle
imagina et qu'elle tint secret : Charles de Blois, dont
la piété était grande et connue de tous, mandait à sa
femme de lui envoyer un copiste habile, avec lequel
il pût adoucir les rigueurs excessives de sa captivité,
en lui faisant copier des manuscrits pieux qu'on ne
lui avait pas refusés.

Ne trouvant aucun danger à cette occupation, le
roi d'Angleterre accéda à la supplique à lui adressée
par son prisonnier. Jeanne crut qu'en envoyant un
moine ou un clerc instruit, d'un caractère ferme et
d'un cœur dévoué à sa cause, elle pourrait par lui
trouver le moyen de faire évader son mari de la
Tour de Londres.

Les monastères seuls pouvaient alors procurer un
homme instruit, un savant copiste ; mais la science,
mais l'habileté ne sont pas des certitudes de courage, de fermeté et de dévoûment. Auffroy de Mont-
Boucher, le seul seigneur de son entourage à qui elle
avait confié son projet, eut une idée lumineuse.

— Madame duchesse, lui dit-il, les moines sont
gens studieux, amis de la retraite, peu avisés aux

affaires de cette nature. Il vous faudrait un clerc qui
eût de l'ambition, qui osât tout pour sortir de l'obscurité ; il le faut jeune, la jeunesse se dévoue avec
plus de sincérité que l'âge mûr ; monseigneur de
Blois vous a parlé d'un jeune moine ou aspirant à le
devenir, dont il a admiré un manuscrit pieux et supé-
rieurement enluminé. Un mien parent, jeune moine
de l'abbaye de Josselin, m'a parlé d'un fils de manant
plein d'ambition et de vanité. Ce jeune gars est le
copiste enlumineur dont monseigneur de Blois vous
a parlé. Il a le talent et l'habileté, il est vain et am-
bitieux ; m'est avis que s'il a de la fermeté dans le
caractère, du dévoûment au cœur, il pourrait con-
venir à votre projet.

Ce fut après cette conférence que Auffroy de Mont-
Boucher fut envoyé à Josselin, avec recommandation
de bien sonder l'homme que la duchesse voulait envoyer à son mari.

Lorsque le sire de Mont-Boucher présenta Jehan
Lequinio à Jeanne de Penthièvre, celle-ci était
seule, et fort simplement mise, ce qui donna de l'assurance au jeune Lequinio. La duchesse était assise
dans un de ces énormes fauteuils à sculptures bizarres, mais exécutées avec un art merveilleux, comme
tous les meubles des grands seigneurs de cette époque. Les premiers moments passés en silence, car
Jeanne la Boîteuse, femme vraiment supérieure,

considérait et étudiait la physionomie de celui que lui présentait le sire de Mont-Boucher, celui-ci crut devoir raconter l'aventure de la route, où Lequinio avait fait preuve d'autant de sang-froid que de courage. Il s'attendait à le voir s'animer, et à offrir à la duchesse le soin de l'interroger. Il n'en fut point ainsi. Les dispositions naturelles du copiste enlumineur s'étaient réveillées à la vue du fauteuil, et oubliant en présence de quelle haute dame il se trouvait, il s'approcha, et posa la main sur un des bras du fauteuil, puis passant de côté, il en admira le fini et la délicatesse des sculptures. Mont-Boucher rougit, Jeanne de Penthièvre eut peine à dissimuler son envie de rire.

— Mais, sire de Mont-Boucher, lui dit-elle, quel homme m'avez-vous donc amené?

Ces mots tirèrent Jehan de son admiration contemptative. Il s'éloigna de quelques pas et s'inclinant humblement devant la duchesse, il lui dit :

— Pardonnez-moi, Madame, c'est si beau!

Il y eut dans son regard quelque chose de si intelligent, de si éloquent même, que la duchesse en fut impressionnée.

— Eh bien! lui dit-elle, le sire de Mont-Boucher vous a-t-il instruit de ce que j'attends de vous?

—Noble dame, répondit-il, le sire de Mont-Boucher m'a dit que je l'apprendrais de votre bouche.

La duchesse avait la franchise bretonne. Sans préambule, et tenant toujours les yeux fixés sur Jehan, elle lui exposa ce qu'elle attendait de lui sans chercher à dissimuler les dangers de l'entreprise, et, pour frapper plus vivement son esprit, elle lui fit entrevoir un avenir tentateur ; puis elle ajouta :

— Mais il faut un dévoûment sans défaillance, une persévérance que rien ne rebute ni n'effraie. Vous sentez-vous capable de vous charger de cette mission ?

— Quoique jeune, noble duchesse, j'ai déjà traversé bien des jours de souffrances et de dangers, et le cœur ne m'a jamais failli. La mission dont vous daignez m'honorer me trouvera ferme de cœur et dévoué jusqu'à la mort. Quoique fils de manant, j'aime notre pauvre Bretagne, et je lui dois mon sang pour la délivrance de son légitime souverain.

Cette réponse, faite avec une respectueuse assurance, plut à Jeanne de Penthièvre. Après un instant de réflexion, elle se tourna vers Auffroy de Mont-Boucher, et lui dit :

— Messire Auffroy, vous avez trouvé le cœur et le courage qu'il me faut ; merci Auffroy ; et vous, jeune homme, dès aujourd'hui vous faites partie de ma maison jusqu'au jour de votre départ pour Londres.

Jehan se retira à la suite de Mont-Boucher, qui le

fit installer dans un petit appartement voisin de celui qu'occupait Charles de Blois quand il séjournait à Dinan. Sur un dressoir étaient rangés quelques rouleaux de manuscrits, Jehan y trouva avec joie une des copies richement enluminées par dom Gilbert et par lui. A la joie succéda l'orgueil, qui, joint aux espérances que la duchesse Jeanne lui avait laissé entrevoir, acheva d'exalter son ambition.

— Enfin, se dit-il, me voilà sur la voie, je pourrai peut-être faire oublier le fils du manant Lequinio !

Comme si tout se réunissait pour accroître ses espérances, le soir de ce même jour la duchesse lui fit savoir qu'elle l'affranchissait de son servage, et que son seigneur n'aurait plus le droit de le réclamer.

Ah! les beaux rêves qui fit Jehan pendant la nuit; il se voyait dans une des grandes villes de la Bretagne, entouré d'autant de considération qu'un seigneur. Il faut lui rendre cette justice, c'est que, dans ses projets d'avancer dans le monde, il n'oubliait point sa famille; il l'affranchissait; il l'élevait à la classe de vassale propriétaire d'un petit fonds de terre, et se sentait heureux de la soustraire aux misères de sa condition actuelle. Ce fut avec de pareilles espérances qu'il s'endormit, et rêva peut-être

LE COMBAT DES TRENTE.

que ses projets étaient réalisés et pour lui et pour les siens.

Dès le matin, il écrivit à dom Gilbert, à qui il devait la position brillante qu'il entrevoyait, le pria de recevoir l'hommage de toute sa reconnaissance et d'offrir de sa part au seigneur abbé ses respectueux souvenirs; en un mot, il fit tout ce qu'un bon cœur doit faire, et Jehan l'avait bon; la vanité et l'ambition ne l'avaient point gâté.

A cette époque, il n'y avait point de poste aux lettres (1); à quoi un pareil service eût-il été utile? Personne, sauf les gens d'église et les moines, ne savait ni lire ni écrire, et quand les seigneurs correspondaient entre eux, c'était par la voie de leurs envoyés, ou par les lettres écrites par leurs chapelains.

Lequinio fit parvenir sa missive par le prieur d'un des monastères de Dinan. Elle était longue, mais elle ne contenait pas un mot de la mission qu'il allait remplir.

Durant les quelques jours qu'il passa à Dinan, en attendant la permission de se rendre en Angleterre, il eut plusieurs entretiens secrets avec madame Jeanne de Penthièvre. Il put ainsi recevoir d'elle les renseignements nécessaires à sa mission. Deux sei-

(1) On attribue à Louis XI l'invention de la poste aux lettres. Des courriers à cheval furent organisés entre tous les grands centres de la France, et chargés de transporter les lettres.

gneurs anglais gagnés par elle devaient s'entendre
avec Jehan, mais elle lui recommanda une grande
circonspection dans ses rapports avec eux ; Jeanne
de Penthièvre se défiait des Anglais, surtout de ceux
qui se laissaient gagner à prix d'argent. Jeanne lui
communiqua un moyen de correspondre avec elle,
assez ingénieux pour que nous le mentionnions ici.
Jeanne n'écrirait jamais, mais Lequinio lui ferait
connaître ses démarches, ses espérances, par l'envoi
d'un petit manuscrit enluminé. Ce manuscrit contien-
drait des lignes de diverses couleurs, lignes qui
alterneraient des nuance ; les trois premiers mots
des lignes bleues, mis à la suite les uns des autres, formaient la correspondance.

Jehan Lequinio arriva à Londres dans le modeste
équipage d'un copiste enlumineur. Cependant, il
avait sous ses humbles habits une ceinture bien
garnie de belles pièces d'or. L'or est un passe-par-
tout ; Jeanne de Penthièvre le savait, surtout chez
les rapaces Anglais.

Avant d'être introduit dans la Tour de Londres
auprès de l'illustre prisonnier si sévèrement surveillé, on inspecta le bagage de Jehan. Deux ou
trois manuscrits enluminés, de petits poinçons fins
comme des aiguilles, des pinceaux, des boîtes de
couleur, n'éveillèrent aucun soupçon dans l'esprit
du gouverneur de la Tour de Londres. L'air humble,

la jeunesse de celui qu'on avait donné comme compagnon au prisonnier, et son caractère extérieur d'homme de cloître, le rassura complètement. Il connaissait la grande dévotion de Charles de Blois, et il pensa que plus il donnerait de temps à la copie des saintes Ecritures, moins il songerait à chercher les moyens de s'évader.

Le prisonnier n'avait pas connaissance des projets de sa femme ; il pensait seulement qu'elle avait obtenu d'alléger sa captivité, en lui envoyant un habile copiste, qui pourrait avec lui lire et méditer les saintes Ecritures. Aussi reçut-il presque les bras ouverts l'homme dont il avait le premier sollicité l'admission dans sa prison ; une mesure paraissait le contrarier : Jehan ne put partager avec lui son appartement, ni manger à sa table. Le matin, l'officier de la Tour le conduisait auprès de lui et le surveillait d'un petit appartement voisin. Malgré cette active surveillance, Lequinio put faire connaître à l'illustre prisonnier le double but de sa mission, et Charles de Blois eut assez de force sur lui-même pour contenir la joie et l'espérance qu'il en éprouvait.

Le voilà donc, travaillant sous les yeux de Charles de Blois et trouvant de temps en temps un mot d'espérance à lui communiquer.

Près d'un mois s'était écoulé, et Lequinio n'avait pu, malgré ses questions adroites, savoir où il pour-

6

rait trouver les deux Anglais désignés par la duchesse.

Cela le désespérait, le pauvre Jehan; mais son
travail et le bonheur qu'il éprouvait de pouvoir
adoucir la captivité de l'illustre prisonnier le conso-
laient un peu.

Un des officiers du gouverneur, probablement plus
instruit que les autres, témoigna le désir de voir le
travail de cet habile copiste enlumineur, dont la réputation commençait à se répandre au-dehors.

Un manuscrit d'un travail exquis lui fut communiqué. Il en parut rempli d'admiration, le mit sous les
yeux du gouverneur, qui aussi parut trouver ce
travail admirable; mais on avait confié la garde d'un
prisonnier d'une si haute importance à un digne
geôlier, c'est-à-dire à un homme défiant à l'excès et
soupçonnant en tout des ruses et des tentatives
d'évasion.

Il se prit à réfléchir, et se demanda comment un
si jeune homme avait pu acquérir une si grande
habileté; il était donc doué d'une haute intelligence,
et capable de former et de mener à bonne fin des
projets qui, s'ils réussissaient, le mettraient dans une
fâcheuse position. Le roi Henri tenait d'autant plus
à son illustre captif, qu'il espérait en tirer une forte
rançon.

De ces réflexions à la nécessité d'opposer la ruse à

la ruse, il n'y avait qu'un pas à faire; le gouverneur le fit; il chargea l'officier lettré d'entretenir des relations suivies avec le copiste, l'autorisa même d'assister aux séances où il se trouvait seul avec le prisonnier, et à lui rapporter minutieusement tout ce qui se dirait ou se ferait en sa présence, et même à lui communiquer ses soupçons. Ce fut un grand malheur pour Charles et Lequinio, ainsi que nous le verrons bientôt.

Avant son départ de Dinan, Jehan, d'après les instructions qu'il avait reçues de Jeanne de Penthièvre, devait chercher à la mettre en rapport avec un seigneur de la cour nommé Adworth. Celui-ci, gagné par un agent de la duchesse, avait promis de favoriser l'évasion du prisonnier si bien surveillé, de Charles de Blois, en un mot. Dans une conversation, Jehan apprit que le seigneur qui montrait tant d'admiration pour ses copies, était l'ami intime d'Adworth. Il lui parla de ce dernier, et apprit de lui qu'Adworth se trouvait sur la côte depuis quelques jours, et qu'il ne devait revenir à Londres que vers la fin de la semaine suivante.

Ceci parut contrarier Jehan; l'Anglais en fit la remarque. D'un autre côté, il avait aussi remarqué que, depuis que le copiste passait chaque jour quelques heures avec le prisonnier, celui-ci paraissait

plus content et supportait avec plus de résignation
une captivité que l'Anglais lui rendait bien dure. Il
en fit le rapport au gouverneur, à qui il communiqua
ses soupçons.

C'en fut assez pour que Charles de Blois fût privé
de la consolation qu'il éprouvait de la société du
copiste.

Un soir deux gardes s'emparèrent de Lequinio, et
le conduisirent dans un des monastères de Londres,
dont le supérieur fut chargé de le tenir en chartre
privée. Son désespoir fut grand; qu'allaient devenir
tous ses projets? qu'allait devenir aussi son malheureux souverain, à qui il avait communiqué tant d'espérances de liberté? Il chercha comme toujours des
consolations dans le travail, et fut jugé si habile par
le supérieur, que celui-ci résolut de l'attacher à son
monastère.

L'existence du pauvre copiste devint plus douce,
il est vrai, mais ne concourait point au but qu'il se
proposait. Sans se laisser aller au découragement, il
parut si bien se prêter aux vues du supérieur, qu'il
entra fort avant dans ses bonnes grâces et put, par
lui, se procurer des nouvelles du prisonnier qui l'in-
téressait tant.

Charles de Blois, plus sévèrement traité qu'auparavant, montrait une si grande résignation aux

volontés de la Providence (1), que le gouverneur lui-
même en semblait touché ; mais les ordres de la cour
devenaient de plus en plus sévères, et il obéissait.

Par le même supérieur, Jehan apprit que le capitaine Adworth était de retour à Londres, mais il n'osa
le prier de le mettre en rapport avec ce seigneur.
Cependant il obtint le nom du quartier de Londres
occupé par ce capitaine.

Sous le spécieux prétexte d'aller acheter des couleurs dont il avait besoin pour son travail, il put
sortir du monastère, mais accompagné d'un moine
surveillant. Ce fut vers le quartier de Londres habité
par Adworth qu'il se fit conduire, et un instant la
fortune parut lui devenir favorable.

Un groupe d'officiers se trouvait dans une espèce
de vestibule, devant une grande et belle maison,
dont les portes et les devantures étaient sculptées
bizarrement, mais d'un travail parfait. Ne pouvant

---

(1) Pour donner une idée de la résignation de Charles de Blois
à la Providence, nous allons citer la manière dont il se comportait même en campagne. Il se faisait toujours suivre par un au-
mônier, qui portait du pain, du vin, de l'eau et du feu dans un
pot, pour dire la messe en chemin. Un jour qu'il l'entendait ainsi
en rase campagne, fort près des ennemis, Auffroy de Mont-Boucher, l'un de ses officiers, lui dit : « Seigneur, vous voyez bien que
vos ennemis sont là, et cependant vous vous arrêtez plus longtemps qu'il ne leur en faut pour vous prendre ! — Monsieur Auffroy,
répondit le prince, nous aurons toujours des villes et des châteaux,
et s'ils sont pris, nous les recouvrerons avec l'aide de Dieu ; mais
si nous manquons la messe, c'est une perte irréparable. »

résister à la tentation, Jehan s'en approcha et se mit
à les considérer avec une grande curiosité. Un des
Anglais vint vers lui, et lui mettant familièrement
la main sur l'épaule, l'appela par le nom de copiste
breton.

C'était l'officier de la Tour de Londres qui l'avait
tant de fois fréquenté. Les autres Anglais s'approchèrent aussi.

Alors l'officier de la Tour dit à l'un de ses compagnons :

— Milord Adworth, voici le moine breton dont je
vous ai parlé plusieurs fois ; comment se trouve-t-il
vaguant dans les rues de Londres ; il a été mis en
chartre privée dans un monastère ?

Celui à qui ces paroles s'adressaient considéra attentivement le copiste, puis se retournant, il s'en-
tretint avec ses amis.

Lorsque les deux moines, car Jehan passait pour
tel, rentrèrent au monastère, ils y trouvèrent deux
hommes de la garde de Londres. Sans mot dire,
ceux-ci s'emparèrent de Jehan, et le conduisirent
dans une maison de détention. Sans aucun doute,
l'officier de la Tour était encore la cause de ce malheur, et le pauvre Jehan commençait à se désespérer,
lorsque le capitaine Adworth se présenta devant lui,
et le prenant à l'écart, il lui demanda s'il n'était

venu à Londres que pour servir de copiste à Charles
de Blois.

— Pas pour autre chose, seigneur, répondit-il.

Adworth se prit à réfléchir, puis lui adressant encore la parole, il lui demanda si une noble dame ne
l'avait pas chargé d'une autre mission.

— Je suis trop jeune et trop humble pour être
chargé de mission des nobles dames.

Adworth le regarda attentivement un instant, puis
il lui dit :

— Vous êtes cependant devenu suspect; le lieu
où je vous trouve me le prouve. Pesez bien les ré-
ponses que vous serez dans la nécessité de faire; je
me nomme Adworth, ne prononcez jamais ce nom; je
veux vous revoir un de ces jours; il se retira.

Jehan Lequinio tomba dans une étrange per-
plexité; le nom qu'il venait d'entendre prononcer
était bien celui de la personne que lui avait désignée
la duchesse de Blois; la visite qu'il venait de recevoir, et les conseils qui lui avaient été donnés auraient dû lui prouver que le capitaine Adworth le
soupçonnait d'être le missionnaire qu'il attendait de
Dinan. Comment avait-il laissé échapper l'occasion
qu'il cherchait lui-même de s'entendre avec l'Anglais quand elle se présentait à lui? Mais, d'un autre
côté, tout ce qu'il avait déjà éprouvé le mettait en
garde contre les confidences qui pouvaient être

trompeuses ou dangereuses. Il ne savait vraiment s'il avait eu tort ou raison de s'être montré si réservé avec Adworth.

Il était dans cette situation d'esprit, quand un moine muni d'un ordre d'élargissement arriva.

Le supérieur du monastère, pour qui l'habileté de Jehan était un trésor, n'avait pas perdu de temps pour le réclamer. Dès qu'il avait obtenu l'ordre d'élargissement, il en avait aussitôt usé (1).

Il questionna adroitement Jehan, probablement parce qu'il avait reçu des instructions au sujet des soupçons qu'il inspirait; mais il ne put en obtenir d'autre réponse que celle-ci :

— Monseigneur de Blois a obtenu du roi d'Angleterre l'autorisation d'appeler dans sa prison un homme de mon art; on m'a choisi et j'ai obéi. Quant à la conduite qu'on a tenue envers moi, j'en ignore entièrement la cause.

Il ne mentait pas ; un soupçon n'est pas une conviction, et il ne faisait que soupçonner l'officier anglais de la Tour de Londres d'être l'auteur de la mise en chartre privée et d'être conduit dans une maison de détention.

(1) À cette époque, un copiste enlumineur était réellement un trésor pour un monastère. Les copies enluminées étaient fort rares, et se conservaient avec soin dans les monastères. Mais quand on pouvait les multiplier, elles étaient vendues à des prix presque fabuleux.

Le capitaine Adworth ayant appris que le moine copiste avait été reconduit au monastère, vint le demander pour un entretien qu'il disait très urgent. Mais le supérieur, qui ne pouvait soupçonner les intentions d'Adworth, et qui craignait qu'on ne lui enlevât un pareil sujet, ne fit point connaître cette demande à Jehan Lequinio.

Plusieurs mois s'écoulèrent durant lesquels Jehan fit de si belles copies, enrichies de si magnifiques enluminures, qu'on en parla à la cour d'Angleterre.

Quoique le roi fût peu lettré, et d'ailleurs trop occupé à nouer des intrigues contre la France et à poursuivre ses armements, il désira voir le copiste.

Le supérieur du monastère s'en effraya. A cette époque, un copiste enlumineur aussi habile que Jehan Lequinio faisait la fortune d'un monastère. Le supérieur craignait donc que le roi, par suite des instances de l'abbé de Westminster, ne voulût enlever le copiste à son monastère, pour le placer dans celui de Westminster. Il prit le parti de l'envoyer secrètement à Douvres, dans un monastère dépendant de son ordre, et répandit le bruit que l'habile copiste, ennuyé d'être tenu en chartre privée, avait trouvé le moyen de s'évader. Il ajoutait que depuis cette

6.

évasion il avait tout mis en usage pour le retrouver (1).

Jehan, qui sentait désormais l'inutilité de son
séjour en Angleterre, tourna ses vues vers un retour
en Bretagne. Il avait de l'or ; moins surveillé à Douvres qu'à Londres, il parvint à gagner un pilote qui
l'embarqua sous un déguisement, et le jeta sur les
côtes de la France, d'où il put, non sans courir maints
dangers, revenir en Bretagne.

La duchesse Jeanne ne se trouvant plus à Dinan,
Lequinio se rendit à Rennes, où le bruit public disait
qu'elle s'était retirée; c'était en 1354. Mais la
duchesse ne s'y trouvait pas. Jehan Lequinio, dont
tant de courses aventureuses avaient épuisé la santé,
tomba malade et fut recueilli dans l'abbaye de
Saint-Melaine. Il y passa plus d'un an, travaillant
avec ardeur dès les premiers temps de sa convales-
cence, et avec d'autant plus de passion, qu'il avait
trouvé dans la bibliothèque de cette abbaye de nombreux manuscrits fort précieux. Sa réputation de
copiste enlumineur se répandit bientôt au-dehors, et
il se trouvait heureux de voir son ambition s'étendre
et répondre à ses espérances.

Pendant ce temps-là, l'infatigable Jeanne de Penthièvre avait eu recours aux négociations pour ob-

---

(1) Ces difficultés prouvent que Lequinio ne put établir aucune
correspondance avec la duchesse Jeanne de Penthièvre.

tenir la liberté de son mari. Elle l'obtint moyennant une rançon de cent mille florins d'or (cette somme représentait environ onze cent mille francs); elle était énorme pour le temps, mais Charles fut obligé de laisser ses deux enfants en garantie du paiement entre les mains des Anglais.

Libre, Charles de Blois recommença la guerre, excité par sa femme et encouragé par le roi de France. Cette guerre dura sept ans, sans que, dans cet intervalle, dit Daru, il y eût de part ni d'autre aucune action décisive.

Jehan Lequinio, occupé à un travail qu'il chérissait, ne chercha point à se rendre auprès de Charles de Blois; dégoûté de ce qu'il avait connu du monde, il prononça des vœux, et se voua tout entier à l'étude des saintes Écritures et à les reproduire par la copie.

Il ne serait plus sorti de sa solitude, si un homme extraordinaire n'eût attiré son attention et son admiration.

La ville de Rennes, assiégée par le duc de Lancastre, était serrée de si près que les vivres commençaient à manquer. Déjà, à la demande de son commandant, le brave boîteux de Penhoët, qui avait victorieusement repoussé plusieurs assauts de l'ennemi, on avait fait le recensement des grains et autres vivres renfermés dans les maisons de la bourgeoisie et des monastères, et imposé une réduction à la consommation de chaque homme, afin de subvenir à la misère de la population. L'abbé de Saint-Melaine donna un bel exemple de patriotisme. Il se réduisit lui et ses moines à la nourriture strictement nécessaire, et fit des distributions journalières de vivres au populaire des environs de l'abbaye, mais la durée du siège épuisa bientôt toutes les ressources, et la ville, pressée par la famine, allait être contrainte de se rendre.

La désolation était grande, on savait avec quelle barbarie les Anglais traitaient les vaincus. On ne parlait de tous côtés, et jusque dans le silence des cloîtres, que du déplorable sort réservé aux habitants de la ville.

Déjà la réputation d'un gentilhomme de La Mothe-Broon, château distant de Rennes d'environ dix lieues, s'était répandue. On le savait sur le derrière des Anglais, interceptant leurs convois de vivres, et les harcelant sans cesse. Il se nommait Bertrand Duguesclin. Mais il n'avait avec lui qu'une faible troupe, avec laquelle il ne pouvait tenter que des surprises et de petits combats qui ne pouvaient sauver la ville affamée.

Le moine Lequinio crut, lui, que Duguesclin pouvait la sauver. Ne communiquant son projet qu'à l'abbé son supérieur, il descendit nuitamment dans la basse ville, s'empara d'un batelet et alla débarquer vers un point sur lequel aucun feu ennemi ne brillait. Profitant de tous les abris, arbres, broussailles, plis de terrain, il eut le bonheur de traverser la partie gauche du camp anglais, et d'arriver dans la campagne où il espérait trouver Duguesclin ou quelques hommes de sa petite troupe. Un grand bruit de chevaux le mit sur ses gardes. C'était un fort détachement anglais qui s'éloignait du camp des assiégeants. Lequinio prit une autre direction, et fut assez heureux pour rencontrer Duguesclin lui-même entouré de ses braves compagnons. Comme il ne le connaissait pas, il s'adressa à un homme de haute taille, de fière mine, qu'il prit pour Duguesclin, ne soupçonnant pas que l'homme qui se trouvait en tête fût le chef déjà nommé.

En effet, cet homme, d'une affreuse laideur et difforme de corps, ne se distinguait des autres que par la largeur de ses épaules, la longueur de ses bras, et la grosseur de tout le reste de sa personne. Cet homme était pourtant le Bertrand Duguesclin qu'il cherchait. Quand on le lui eut désigné, il éprouva une émotion étrange et ne put parler.

— Alors, messire moine, lui dit Bertrand de sa grosse voix, avez-vous quelques renseignements à me donner?

— Oui, répondit Lequinio; je viens de traverser le

camp anglais; j'y ai vu grand nombre de chariots chargés d'approvisionnements, et la ville de Rennes, qui meurt de faim, va se trouver dans la nécessité de capituler.

— Venez ici, messire moine, dit Bertrand en le tirant à l'écart, et expliquez-moi bien tout ce que vous avez observé.

Alors Lequinio entra dans les détails les plus minutieux, et lui exposa tout ce que les ténèbres de la nuit lui avaient permis d'observer. Il n'oublia pas le départ du camp d'un fort détachement, et put indiquer le point où se trouvaient les chariots chargés de vivres. Après avoir quelque temps réfléchi, Duguesclin lui dit :

— Ce que vous avez observé cette nuit prouve un homme de tact et de courage. Vers la fin de la nuit prochaine, vous nous dirigerez à travers le camp et nous conduirez là où sont les chariots chargés.

Il regarda quelques instants Lequinio, puis lui dit :

— Cela vous convient-il, messire moine ?

— Je suis venu, seigneur Bertrand, pour vous faire connaître la détresse de la ville de Rennes, et, Dieu aidant, je vous servirai de guide aussi sûr que zélé, la nuit prochaine.

— C'est bien, dit Bertrand, allez vous reposer en attendant.

Duguesclin fit passer la Vilaine à quelques hommes de sa troupe, en leur recommandant de se montrer sur plusieurs points différents, afin d'attirer l'attention de l'ennemi. Il devait revenir, au commencement de la nuit, les rejoindre, après avoir fait allumer quelques feux qui pussent être vus distinctement du camp anglais.

Ce fut vers le point du jour, à l'heure où le sommeil accable les hommes de garde, que la petite troupe de Duguesclin se mit en mouvement vers le camp ennemi. Duguesclin et le moine, précédés de deux éclaireurs, marchaient en tête.

— Là-bas sont les chariots, dit Lequinio ! Sur un signe de Bertrand, sa troupe se serre, tombe sur les gardes, les enlève, se précipite sur les chariots, en poussant le cri de guerre : *Notre-Dame et Duguesclin.*

Ce cri, déjà rendu formidable aux Anglais, et poussé à l'improviste dans leur camp endormi, jette une terreur panique. Ils fuient en désordre vers le quartier du duc de Lancastre, tandis que, avec sa promptitude ordinaire d'exécution, Duguesclin fait diriger les chariots chargés vers les portes de la ville, où Jehan, qui avait devancé le convoi, les avait fait tenir entr'ouvertes.

Ce fut en triomphe que la petite troupe de Duguesclin entra dans Rennes avec le convoi si audacieusement enlevé à l'ennemi. L'enthousiasme des

assiégés fut au comble, et la présence de Duguesclin
les rassura tellement, qu'ils ne doutèrent plus de la
levée prochaine du siége. Effectivement il fut levé,
et Rennes délivré d'un ennemi qu'il avait d'autant
plus à craindre que les vivres manquaient absolument.

Bertrand Duguesclin fit connaître à la ville la belle
et courageuse action d'un moine; mais ne connaissant ni son nom ni le monastère auquel il appartenait, il voulut qu'on s'enquît de lui.

Ce fut un grand honneur pour l'abbaye de Saint-
Mclaime, et cette action ayant été rapportée à
Charles de Blois, il se souvint du copiste qui avait
été renfermé avec lui dans la Tour de Londres. Il le
manda, le traita avec grand honneur, et l'attacha à
sa personne.

Le traité de Bretigny (1360) rendit le roi de
France et celui d'Angleterre arbitres des contestations
entre Jean de Montfort et Charles de Blois. Il y était
stipulé que, s'ils ne pouvaient parvenir à accorder les
deux prétendants, ils leur laisseraient seuls vider
leurs contestations. N'ayant pas réussi à les accorder, la guerre se ralluma avec une nouvelle furie,
et jamais pareilles atrocités ne furent commises,

Jehan Lequinio accompagna Charles de Blois
durant le reste de cette guerre terrible. Ce fut lui
qui reçut la confession de Charles de Blois, avant la

funeste bataille d'Auray. Lequinio se tint constamment auprès de lui durant la bataille. Charles avait choisi sa place au centre de son armée. Déjà l'ardente mêlée s'approchait de ce centre, et Charles allait de sa personne prendre part à la lutte. Tout-à-coup il saute à terre, s'approche de son confesseur, et lui demande à genoux une dernière absolution. Se relevant aussitôt, il saute sur son cheval et se jette dans la mêlée. Un chevalier dont la cuirasse était fourrée d'hermine (1) lui fait croire que c'est Jean de Montfort. Il fond sur lui, le tue, et crie :

— Bretagne, Bretagne, Montfort est occis.

Il sortit bientôt de cette erreur. Un corps de réserve disposé par Clisson pour décider la bataille prend à revers la division de Charles de Blois, et y jette le désordre. Charles se voit séparé des siens, entouré d'ennemis, et malgré la plus énergique résistance, il est fait prisonnier et conduit hors la mêlée. Lequinio se tint toujours près de lui, s'efforçant de le consoler de sa défaite.

Tout-à-coup un soldat anglais fond sur Charles de Blois et lui enfonce son épée dans la gorge. Jehan, qui s'était jeté au-devant du coup, fut frappé à la poitrine par un autre soldat et tomba pour expirer

---

(1) L'hermine était représentée dans le blason des sires de Bretagne, et seuls ils avaient le droit de la porter.

près de celui qu'il avait servi loyalement, et avec un dévoûment digne d'admiration.

La cause de Charles de Blois succombait avec lui, et Jean de Montfort fut reconnu seul duc de Bretagne.

FIN DE JEHAN LEQUINIO.

LA

FAMILLE DE KERLOËN.

———◆◈◆———

I

Le château de Kerloën, l'un des plus nobles manoirs du département du Finistère, est situé sur une colline à deux kilomètres environ de la mer. Je ne sais rien de plus fertile que ce petit monticule, connu dans le pays sous le nom de Montagne-Verte. Vous le diriez en effet couvert d'un grand tapis de gazon ondulant aux brises maritimes, et diapré çà et là des fleurs les plus belles de nos prairies. Puis tout-à-coup s'élèvent brusquement les dunes, longue chaîne de montagnes sablonneuses enrichie tous les jours par l'Océan.

Peut-être mes jeunes lecteurs me demanderont-ils l'origine des dunes ; beaucoup d'entre eux n'ont pas visité le rivage des mers et ne s'en font qu'une idée vague, imparfaite. Les fleuves, à leur embouchure, laissent parfois sur leurs bords de grandes quantités de sables et de vase, qui, repoussés par les marées, deviennent compactes et forment de vastes atterrissements. Les vagues et les vents chassent aussi devant eux d'énormes monceaux de terre sablonneuse, qui, desséchés au soleil, acquièrent une certaine dureté et forment une agrégation pleine de consistance. Rien n'est plus envahissant que la dune. Des villages entiers disparaissent quelquefois sous cet aride manteau, et les travaux des hommes ne réussissent pas toujours à vaincre leurs progrès.

Le château de Kerloën était habité, au moment où commence notre histoire, par le marquis Henry de Kerloën et ses deux filles, Héléna et Claire. Le vieux seigneur est un de ces gentilshommes qui ont reçu le baptême du malheur et de l'exil. Aux jours sombres de la Terreur, il a vu le manoir de ses aïeux dévasté, vendu au nom de la liberté populaire, et n'a que providentiellement échappé aux listes de proscription dressées chaque jour à Quimper par les coryphées provinciaux de la démagogie parisienne. Le jour où les satellites de la république une et indivisible envahirent Kerloën, ils trouvèrent les portes ouvertes et les appartements vides. Le marquis et le chevalier, son frère, s'étaient soustraits à leur fureur. Cachés dans deux grottes profondes qui s'ouvraient sur la mer, protégés par des ronces qui masquaient leur retraite, ils passèrent bien des jours dans une angoisse mortelle. Un serviteur fidèle, qui les avait bercés au murmure des mers et des chansons bretonnes, veillait pour eux.

II

Paris n'était qu'une vaste ambulance; le choléra sévissait avec fureur, et dans les âmes, oublieuses de Dieu, il n'y avait place que pour le désespoir. La médecine restait impuissante devant ce fléau jusqu'alors inconnu, les hommes tombaient par milliers; à peine avaient-ils le temps de craindre. Que de drames ignorés alors, que de victimes secrètes, que de sacrifices dans l'oubli!

C'était au mois de juillet de cette année fatale, dans le quartier latin, rendez-vous de tant de joies profanes et de tant de misères. Assis auprès de l'étroite fenêtre de sa mansarde, la tête appuyée sur sa main, un jeune homme attachait des yeux ardents sur une des croisées de la maison voisine. Son âme semble vivre dans son regard; ses nerfs contractés, son front crispé par la douleur, tout annonce en lui une de ces émotions âcres et absorbantes qui ne lais-

sent de place que pour la souffrance qui tue. Oh!
c'est que là près de lui lutte avec la mort un être
bien cher à son cœur; c'est que depuis trois jours
pas une espérance ne lui est venue, pas un rayon
consolateur n'est tombé sur son âme. Trois jours!
une éternité d'anxieuses prières; trois jours, et
l'homme qui souffre là-bas, qui peut-être va descendre dans la tombe, cet homme est son père. Une
désolante malédiction éloigne le fils de son chevet,
et le vieillard a préféré aux affections de famille les
soins d'une main étrangère. Qui pourrait raconter les
supplices d'Albert, ses remords dans le passé, dans
le présent son désespoir?

Brisé par la fatigue, il se jeta sur son lit, et finit
par s'endormir. Bien des douleurs avaient déjà passé
sur son âme. Il est des hommes qui n'ont que la
peine de naître, la fortune les prend au berceau et
les conduit à la tombe en semant les plaisirs devant
eux. La société les accueille et leur prodigue ses
joies, réservant toutes ses colères pour de tristes
parias, voués aux haillons de la misère, qui vont
déchirant la vie et l'arrosant de sueurs et de larmes.
Ceux-ci n'ont que la brise céleste et la brillante
étoile de la mer pour les guider au milieu des écueils
de cet océan toujours tumultueux et avide qu'on appelle le monde. La religion est nécessaire dans toutes
les conditions : au riche, pour qu'il abaisse son

orgueil au niveau des choses humaines; au pauvre,
pour lutter contre les mauvaises passions qu'enfante
la misère.

Albert était une nature fatalement privilégiée.
Riche, il eût été grand et utile; pauvre, il ne savait
que souffrir dans son inertie. Son père, cadet d'une
noble famille de Bretagne, avait suivi le torrent de
la révolution, et demandé à un nouveau système ce
que l'ancien régime ne pouvait lui donner. La France
lui accorda des blessures et sa part de gloire; le premier consul lui donna une croix et le grade de
colonel. Waterloo l'arrêta dans sa carrière. Dange-
reusement blessé par l'éclat d'un boulet, il dut
songer à la retraite... Napoléon lui serra la main et
s'en alla mourir à Sainte-Hélène. La Restauration lui
accorda une pension de retraite; s'il eût suivi les
mouvements de son cœur, sa vieillesse se serait
éteinte dans sa chère Bretagne, comme autrefois
s'endormit son enfance au bruit des vagues et des
vents. Mais il n'avait plus de nom, il n'avait plus de
patrie. Son nom, il l'avait donné pour une épée; sa
patrie... De quel œil la province fidèle eût-elle accueilli le compagnon du héros corse? D'ailleurs, le
marquis de Kerloën, son frère, l'avait renié depuis
longtemps. Le vieux soldat ne connaissait plus de
famille; je me trompe, il avait son fils.

Albert avait trois ans; sa mère était morte en lui

donnant le jour, et son enfance s'était passée au roulement des tambours, au bruit des canons, aux cris de victoire qui se succédaient si rapides alors. Avant chaque bataille, son père l'embrassait au front, et priait Dieu près de son berceau; lorsqu'il revenait, les mains noircies de poudre, il l'embrassait encore. Toutes ses affections étaient en lui. La campagne de 1814 l'enleva à tous les dangers. Ils se retirèrent dans un château en ruines sur les bords de la Garonne, et là c'était un attendrissant tableau que ces deux êtres isolés dont l'un entrait dans la vie, et l'autre semblait près d'en sortir. On pleurait à les voir tous deux, l'enfant avec sa blonde chevelure sur les genoux de son père à la moustache grise; l'enfant avec son teint rosé, sa joue fraîche et unie, le père avec ses traits flétris, ses balafres et ses cicatrices, se faisant petit pour jouer avec Albert, courant malgré sa béquille sur le gazon du préau, prêtant à toutes les espiègleries du jeune âge ce qui lui restait encore de verdeur.

Et dans les longues soirées d'hiver, tandis que la Garonne grondait aux pieds de la colline, et que mugissait le vent aux galeries abandonnées, le colonel faisait maints récits de batailles et de glorieuses actions. L'enfant ouvrait de grands yeux bleus pour écouter son père, et la vieille Gertrude se signait et priait tout bas. Ainsi passèrent de longues années. Albert eut vingt ans. Du vieux soldat il tenait une santé robuste, de sa mère une âme qui devinait le bien avant de le savoir. Le curé de La Réole, son précepteur, déclara que le moment était venu de choisir une carrière.

C'était l'heure de la lutte ; son père accepta une séparation douloureuse, mais nécessaire. De sa modeste fortune il fit deux parts. La plus modique fut pour lui ; l'autre devait préparer l'avenir de son fils, et lui faire achever ses études à Paris. Ce fut une grande douleur pour le jeune homme que l'idée du départ : il aimait le colonel de toutes les forces de son âme, et s'effrayait de l'abandonner seul aux soins d'une étrangère.

III

Arriver dans une cité nouvelle, immense, voir s'évanouir son horizon si vaste, se retrouver seul dans un désert peuplé à l'infini, ne rencontrer dans ce qui vous entoure rien de ce qui vous a suivi jusqu'alors, mourir aux affections les plus intimes pour s'éveiller dans les glaces sociales, croyez-moi, c'est une bien triste chose. Puis, voyez-vous, il est à Paris de ces rues sombres, misérables, fangeuses,

étrangères au soleil et à toute joie de la nature, qui
redoublent les chagrins au fond de l'âme. C'est là
que vient s'ensevelir la jeunesse des écoles. Dans le
quartier latin, vous la rencontrez telle qu'elle est, et
sauf le masque de la joie et les grelots de la folie, se
traînant silencieuse et morne, hideuse de misère et
de vices, ou noble dans sa pauvreté, travailleuse intrépide, que n'effraient pas les longues veilles, et
qui palpite d'avenir.

Il faut du courage pour affronter cette vie de dou-
loureuses privations qui prélude aux grands actes de
l'âge mûr. Albert les subit sans se plaindre; retiré
dans la mansarde d'une des maisons les plus sombres
de la rue d'Enfer, il s'adonna sans réserve aux
études arides de la législation. Il oublia tout ce qui
jusqu'alors avait fait son bonheur, et ce vague de la
vie qui séduit toutes les âmes tendres; deux pensées
illuminaient désormais sa triste demeure : Dieu et
son père. Ses progrès allaient pressés et rapides, la
science lui venait chaque jour plus large et plus
abondante. Ses examens ne faisaient que constater
ses succès.

Albert avait été recommandé, au moment de son
départ, à M. de Langeac, neveu par alliance de madame de Gilfaud, une voisine du colonel. Ce n'était
pas seulement un protecteur incertain, comme on en
trouve tant à Paris, si l'on est jeune encore et qu'on

relève de hautes relations : M. de Langeac occupait au barreau une place péniblement conquise et dont son généreux caractère lui assurait dans le monde les bénéfices de haute considération. Pour Albert, c'était comme le pionnier qui affranchit la route et renverse les obstacles.

Notre héros rencontra dans les salons du jurisconsulte une jeune fille, bretonne de patrie, à qui il fut présenté comme un proche parent. Elle avait nom Héléna de Kerloën, et, plus d'une fois, en les confondant sous un même regard, madame de Langeac avait dit à son époux :

— Tous deux vertueux! ce serait une heureuse union.

Le magistrat se contentait de répondre :

— La Providence est puissante; priez-la de reporter sur notre famille une protection que nous avons depuis longtemps perdue, et vos espérances pourront être accomplies.

— Pourquoi cet air grave, à propos d'un mariage si facile?

— Vous le saurez un jour : ce n'est pas mon secret.

Albert Delbourg n'avait jamais eu rien de mystérieux pour son père, et dans ses confidences d'avenir s'échappa naturellement le nom de mademoiselle de Kerloën.

Trois jours après il recevait la lettre suivante :

« Mon cher fils, lui écrivait son père, j'apprends
» avec bonheur le succès de tes études ; mes sacri-
» fices ont obtenu leur récompense. Je ne m'inquiète
» plus de ton avenir. Je dois te prévenir toutefois que
» tes vagues projets et le nom de mademoiselle de
» Kerloën te préoccupent. Sûr de ton obéissance, je
» ne m'expliquerai pas davantage ; souviens-toi
» qu'entre cette famille et la nôtre s'ouvre un abîme
» infranchissable. »

Un mois après, comme la scène avait changé !
Qu'est devenu ce Paris vivace et frivole qui se ruait
aux plaisirs ou promenait dans les salons sa tête
chargée de diamants et de fleurs ? Le voyez-vous se
traîner dans la rue, pâle, le front morne, le regard
effrayé, craignant jusqu'au contact de l'air, évitant
ses amis, se faisant une solitude au milieu du
monde ?

Le choléra régnait dans la grande ville, épouvan-
table fléau dont on ne savait ni la nature ni l'origine,
et ses victimes, rares d'abord, tombaient à l'infini.
Il ne respectait rien et frappait partout : le père au
milieu de ses enfants, les enfants sur le sein de leur
mère, la fiancée au pied de l'autel. Le fossoyeur
étonné ne peut suffire aux cadavres ; ils s'en vont
sans une larme qui ferme leur tombeau, sans presque une prière qui leur ouvre le ciel. Le sépulcre

béant engloutit sans cesse et ne se remplit jamais...
Oh! alors que d'horribles souffrances, de tourments
ignorés! mais aussi que de nobles sacrifices et de
sublimes dévouements. Dans les greniers du pauvre,
aux hospices publics, aux lambris dorés, qui pourrait compter les aumônes et les consolations? Saint
Vincent de Paul envoya sa glorieuse cohorte; on vit
des femmes qui n'avaient jamais vu souffrir, se pen-
cher au chevet des malades, et passer dans de dou-
loureuses veilles le temps qu'elles consumaient autrefois au sein des plaisirs. Vous eussiez dit que Dieu
ne suscitait le fléau que pour compter les grandes
âmes que Paris renfermait encore.

Appelé à Paris pour aplanir quelques difficultés
élevées au sujet de sa pension, le colonel fut atteint
par la maladie. Madame de Langeac lui ouvrit un
pavillon de son hôtel et le soigna avec dévouement.
Héléna de Kerloën partageait son noble sacrifice;
elle savait bien que l'homme qui souffrait, dont elle
étanchait la soif, dont elle consolait l'insomnie, était
son oncle; mais elle cacha son nom jusqu'à la fin, et,
le jour où il fut sauvé, elle s'effaça comme un de ces
anges bienfaiteurs que l'on ne voit, hélas! que dans
les rêves, mais qui laissent toujours dans l'âme un
doux parfum.

Albert vint plus d'une fois visiter le chevet de son
père, et jamais un mot ne fut prononcé qui pût faire

revivre le reproche sur les lèvres de l'un, l'amer-
tume dans le cœur de l'autre.

Cependant M. Delbourg arrêta son fils un soir, au
moment où celui-ci lui tendait la main en signe
d'adieu.

— Asseyez-vous, lui dit-il, écoutez-moi; le moment de la séparation approche. Peut-être repren-
drai-je demain le séjour de La Réole. Il faut que
vous sachiez un secret qui pèse sur mon cœur, et
dont l'ignorance pourrait être fatale à tous deux.

— Mon père.....

— Il le faut... Nous ne reviendrons plus sur ce
sujet. J'avais dix-huit ans quand éclata cette révolution imménse qui bouleversa tous les rangs, nivela
la société; élevé en Bretagne, au milieu de ces hommes chez qui la fidélité à la monarchie est la plus
belle part de patrimoine, j'avais dès-lors des convictions arrêtées. Ma famille était noble, le sang qui
coule dans tes veines est illustre parmi les Bretons.
Suivant l'usage féodal, mon frère devait, par droit
d'aînesse, hériter des titres et de la fortune de mon
père. Moi, pauvre cadet gentilhomme, j'avais à
choisir un état. J'embrassai la carrière des armes.
Mon père vint à mourir, mon frère lui succéda. Il y
avait toujours eu entre nous une grande sympathie;
cette perte cruelle ne fit que resserrer les liens qui
nous unissaient déjà. Cependant des nouvelles alar-

mantes nous arrivaient de la capitale. Le serment
du Jeu-de-Paume avait porté le trouble parmi nous.
La mort de Louis XVI atterra la province.

Le vieux soldat courba sa tête blanche sous cet
horrible souvenir. Il se fit un moment de silence,
puis il continua :

— Ce fut le signal de l'émigration; tout ce que la
couronne avait de nobles et de féaux défenseurs s'attacha aux drapeaux de Condé... Nous ne pûmes
partir. Mon frère, prudent et sage, avait trouvé le
moyen de vendre notre patrimoine. Le prix en avait
été envoyé à Londres, où nous devions nous retirer.
Le pêcheur qui devait nous transporter loin des
côtes nous fit défaut et nous fûmes obligés de nous
cacher. La persécution commençait. Nous nous reti-
râmes dans les dunes, nous errâmes au milieu des
sables, toujours tremblants d'être découverts. Nous
nous étions établis dans deux cavernes, à deux cents
pas l'un de l'autre; des broussailles épaisses en
cachaient l'entrée; nous n'avions d'autres armes que
nos fusils de chasse, qui pourvoyaient à notre existence. De temps à autre, nous sortions de nos retraites poussés par la faim, pour abattre quelques
oiseaux de mer, des mouettes ou des courlis. C'était
là notre seule nourriture, avec le pain que nous apportait Yvon, un étranger que mon frère avait
accueilli au château, et en qui il mettait toute sa

confiance. Un soir, nous lui découvrîmes notre retraite et il promit de nous servir. C'est lui qui trahit
mon frère !

Les soldats s'étaient déjà répandus sur les côtes,
j'avais aperçu des armes reluire dans le lointain.
Leur chef remarqua les mystérieuses allées d'Yvon.
Il s'adressa à lui. Le malheureux se laissa gagner par
l'or.

Un soir, il m'en souvient, le temps était affreux,
le vent soufflait du nord, et ses raffales soulevaient
les flots. La nuit était sombre, quelques éclairs en
déchiraient seuls l'obscurité, l'Océan faisait entendre
sa grande voix comme un lion furieux. Je venais de
rentrer dans ma caverne; de sinistres pressentiments
dominaient mon âme. Ils ne me trompèrent pas.
J'étais à peine assoupi : tout-à-coup des pas se firent
entendre, je me blottis dans un angle de ma retraite
au milieu des ronces et des épines. Oh! quand on
craint la mort, comme on se rattache à la vie ! Des
voix confuses parvinrent jusqu'à moi, une lueur
blafarde pénétra dans mon antre. Mon sang se
glaçait dans mes veines, mes cheveux se hérissaient
sur mon front. La crosse d'un fusil résonna à l'entrée
de la caverne. Une voix se fit entendre, c'était celle
d'Yvon : *plus loin*, disait-il, et ils passèrent. Je me
traînai sur mes genoux et sur mes mains jusqu'à
l'ouverture, que masquait un énorme buisson. J'a-

vançai la tête... Les soldats s'éloignaient dans la direction de mon frère. Je ne pus dormir de la nuit; les plus amères pensées traversaient mon âme. Est-ce nous que cherchent les soldats, et si Yvon nous a trahis, comme je le croyais, pourquoi m'avait-on épargné? Le lendemain, à peine l'aurore avait-elle jeté son premier rayon dans les brouillards de la mer, que je sortis pour connaître la vérité toute entière, quelque horrible qu'elle fût. La paille sur laquelle il couchait d'ordinaire était vide. Je frémis, je courus comme un insensé, j'errai pendant tout le jour au milieu des dunes, l'appelant à grands cris, sans crainte de me trahir. L'écho répondit seul, lui ne parut pas. Enfin, harassé de fatigue, les mains ensanglantées, la rage au cœur, je me traînai jusqu'à mon repaire. Leur fureur m'attendait là. Sais-tu, mon fils, ce qui était advenu, sais-tu qui m'avait trahi? je crus un instant qu'Yvon avait parlé. Non... Le frère avait été vendu par le frère... On lui promit la vie, s'il découvrait ma retraite, et le lâche...

Des sanglots interrompirent sa voix; il se leva terrible, menaçant.

— Le lâche m'avait vendu; je fus traîné dans les prisons, il eut sa liberté; je subis toutes les rigueurs de la persécution, il courut jouir de son crime en Angleterre; tu sais le reste. Le consulat de Napoléon porta des adoucissements à nos fers. En connaissant les prodiges de cet homme étrange, qui parcourait le monde emportant des villes et créant des victoires, ma jeunesse enthousiaste se laissa séduire. Aussi bien la trahison de mon frère m'avait refroidi pour sa cause. Je demandai des armes et suivis la marche triomphale du premier consul. En apprenant ma désertion, mon frère, qui jusque-là n'avait pas eu pour mon malheur une parole de consolation, m'écrivit pour me maudire au nom de la monarchie.

— Pauvre père! s'écria Albert.

— Mais toutes mes souffrances furent oubliées, vois-tu, lorsque ta mère, la sainte femme, que tu n'as pas connue, te jeta dans mes bras, lorsque je n'eus au monde qu'une épée et qu'un berceau... Mais, mon frère!

— Pourquoi songer à lui?

— Pourquoi, Albert Delbourg? parce que votre cœur lui a déjà pardonné; pourquoi? parce qu'il s'appelle Goëlo de Kerloën.

IV

Le colonel avait regagné les bords de la Garonne, Albert était resté à Paris. Il se replongea dans l'étude, et, sous l'empire des révélations de son père, ne songea plus à l'avenir qu'il avait pu rêver un instant. Ses plaisirs étaient rares, ses convictions profondes, religieuses, et tout en pardonnant en chrétien à M. de Kerloën, il sentait bien qu'une barrière infranchissable était élevée désormais entre les deux familles.

Les derniers jours du mois d'août venaient de s'écouler radieux, et la nature commençait à voiler son éclat. Les écoles étaient fermées, le barreau en vacances. M. de Langeac offrit à Albert de venir passer deux mois dans une terre qu'il possédait en Bretagne. Il lui fit un tel éloge de son manoir de Lhoërtel, que le jeune étudiant le suivit avec joie. Il ne rêvait plus que tourelles, grèves, dunes et flots bleus. L'avocat ne se sentait pas d'aise depuis que les affaires ne bourdonnaient plus à son oreille.

Trois jours après le départ, ils entraient dans la ville de Tréguier, demi-heure après au manoir de Lhoërtel, patrimoine de madame de Langeac, éloigné d'un kilomètre au plus du château de Kerloën. Les voyageurs furent reçus par M. de Kerloën lui-même, accouru malgré ses soixante-dix ans, pour leur faire les honneurs du pays.

Arrivés dans un vaste salon où pétillait un feu de cheminée seigneuriale, M. de Langeac présenta son jeune ami au vieux gentilhomme, qui l'accueillit avec une cordialité parfaite.

M. de Kerloën était un beau vieillard de soixante-
dix ans environ : sa taille était haute encore et semblait disputer au temps sa noble prestance. Ses cheveux, blancs et poudrés, se divisaient suivant la
mode de l'ancienne cour; ses souliers étaient ornés
de larges boucles d'or; mais il n'y avait rien de
ridicule en lui, et son front ridé éloignait toute idée
de sarcasme. Son sourire, malgré l'austérité de ses
traits, était affable et bienveillant, et le regard, un
peu dur peut-être, abdiquait facilement cette sauva-
gerie. En un mot, c'était un vieillard aimable, d'un
ton parfait et plein de dignité. Cet examen rapide
suffit à Albert pour lui faire juger M. de Kerloën, et,
à sa grande surprise, il ne trouva rien dans cet
homme qui pût justifier la haine instinctive qu'il se
croyait au fond du cœur. Bien plus, il était près de
l'aimer. Il eut beau s'en vouloir de la sympathie qui
l'entraînait. Combien de sentiments s'imposent et
dont on ne saurait éviter le joug!

Le lendemain de leur arrivée, le manoir se remplit
d'un essaim de jeunes gentilshommes bretons, accou-
rus pour voir le châtelain, et plus encore, je le soup-
çonne, pour apprendre quelques nouvelles de la
capitale. Albert, étranger à cette foule, eût voulu
commencer immédiatement ses explorations. Madame de Langeac obtint deux jours de répit. L'appartement qui lui avait été assigné était celui qu'il

eût choisi de préférence. Une des croisées s'ouvrait
sur l'Océan. Là, un horizon sans bornes, le ciel et la
mer, élevaient son âme à Dieu et lui rendaient un
peu de cet enthousiasme qu'il avait apporté et laissé
à Paris. Du côté opposé, la vue s'étendait sur une de
ces perspectives comme seule en a la Bretagne. Des
sables, des sables encore, puis une forêt de sapins
qui allait en s'élevant sur le versant d'une colline,
couronné par le château de Kerloën, dont les cré-
neaux, les bastions et les tours semblaient assis là
comme le vieil Adamastor, le génie des tempêtes.
Cette chambre était située dans la tourelle du nord,
et décorée avec le pieux bien-être qui ne faut jamais
en Bretagne.

Le premier et le second jour se passèrent à recevoir des visites importunes. Le lendemain on se
rendit à Kerloën. Le jour était magnifique. Dès le
matin le soleil se montra, ce qui est bien rare dans
ces parages, dégagé de tous ses brouillards. Delbourg
jouissait pour la première fois du lever du soleil en
plein Océan, lui qui bien souvent l'avait admiré sur
les bords de la Garonne; que dut-il penser, je vous
le demande, en présence de ce spectacle sublime?
La vue n'a pas d'horizon, le ciel est bleu et bril-
lanté d'étoiles, la mer est calme, les flots se renflent
et s'abaissent doucement au souffle du zéphir, les
goëlands font entendre leurs cris, les pêcheurs atten-

dent le premier regard de l'astre-roi, les voiles sont
déployées et les chants bretons retentissent. Puis
tout-à-coup, du sein de l'onde, un rayon scintille et
jaillit, la mer le répète; il court, grandit, et frappe
tour à tour le sommet des vagues, la crête des récifs.
Bientôt ce sont des flots lumineux. C'est un vaste
incendie qui colore les mâts des vaisseaux, et jette
ses feux jusqu'au front des montagnes. Albert était
dans l'extase et regardait toujours. La voix de M. de
Langeac le rappela à lui; ils allèrent faire une promenade sur mer.

Là, tout était nouveau pour le jeune homme, qui
n'avait jamais vu que la Garonne et la Seine; tout,
jusqu'au balancement des flots, jusqu'au pittoresque
costume des mariniers bretons, au langage du littoral
qui ne frappait que ses oreilles. Ils coururent quelques bordées çà et là. Assis sur le manteau goudronné
d'un batelier, Albert dévorait tout du regard et demeurait plongé dans son admiration. M. de Langeac
s'assit à ses côtés.

Tout-à-coup le marinier, leur guide, poussa un cri
et montra du doigt aux promeneurs une jeune fille
vêtue de blanc, qui, debout sur la dune la plus élevée,
semblait admirer les flots.

—La folle des grèves, murmura-t-il, et il se
signa.

— Qu'est-ce donc? interrogea Albert.

— Toute une histoire, et, puisque la houle nous laisse aujourd'hui du repos, j'en profite pour vous la conter.

« Marie est la sœur de mademoiselle de Kerloën;
» si vous l'aviez connue comme moi! elle avait
» quinze ans, cinq ans de plus qu'Héléna. Elle était
» bien belle alors, et d'une douceur, une perfection
» enfin! Elle grandissait ainsi, comme une fleur
» ignorée, ne connaissant de la vie que la piété la
» plus tendre, l'amour de ses parents et l'amitié
» d'une enfant du voisinage, aussi âgée qu'elle.
» Celle-ci avait nom Claire; elles étaient bien unies,
» elles semblaient n'avoir qu'une âme pour deux,
» pour deux qu'une pensée. Elles étaient bienfaisan-
» tes. Dans nos chaumières on les appelait le sourire
» de la Providence. S'ils les voyaient ensemble le
» long des guérets ou dans les chemins de leurs ca-
» banes, les villageois regardaient cette rencontre
» comme un heureux signe. Hélas! Dieu ne laisse
» pas ses anges parmi nous. C'était au mois de sep-
» tembre, la journée avait été brûlante. Les deux
» jeunes filles entrelacèrent leurs bras et descendi-
» rent aux dunes pour se baigner dans la mer. Jamais
» elles n'avaient été plus joyeuses. Elles entrèrent
» dans l'eau et se mirent à folâtrer. Leurs jeux du-
» rèrent longtemps. Elles ne firent aucune attention
» à l'heure de la marée.

— Pauvres enfants!

» Bientôt, en effet, la mer grandit, elle allait, elle
» allait... Claire s'en aperçut la première... Le flux!
» s'écria-t-elle; et les deux jeunes filles prirent leur
» course au milieu des vagues qui gagnaient tou-
» jours. Marie, se croyant suivie de Claire, se sauvait
» à grands pas; elle arriva jusque là-bas à ce rocher
» dont vous apercevez la sombre dentelure sur les
» flots. Parvenue haletante à la cime, sans avoir re-
» gardé en arrière, elle se mit à rire, et se retourna
» pour embrasser Claire... Seule!... Claire ne l'avait
» pas suivie; elle l'appela deux fois, les mugisse-
» ments de la mer lui répondirent seuls... Oh! si
» vous l'eussiez vue alors se tordre les mains de
» désespoir, appelant Claire de toutes les forces de sa
» voix. Quelques pêcheurs qui retournaient chez
» eux l'aperçurent et s'avancèrent vers elle. On lui
» parla, elle ne répondit pas. Ses yeux hagards se
» dirigeaient sur la mer, du doigt elle montrait la
» mer, et, dans le sillage des flots, ils virent, comme
» la pauvre Marie, une chevelure noire et un pâle
» visage. Mademoiselle de Kerloën fut reconduite au
» château, elle ne reconnut personne, et fut malade
» bien longtemps; elle n'a jamais recouvré la
» raison.

— La folle des grèves, répéta le marinier; Dieu
nous garde, c'est signe de tempête...

La barque reprit le chemin du rivage; M. de Langeac continua son récit :

» Marie est folle, dit-il, mais son égarement est
» doux; vous diriez, si je puis m'exprimer ainsi, une
» folle résignée. Elle choisit pour ses promenades
» ordinaires les endroits qu'elle parcourut avec son
» amie. De préférence, elle s'assied sur le rocher
» auprès duquel la mer laissa le cadavre de Claire,
» qui a conservé son nom. Elle aime aussi à courir
» sur la grève, fuyant les flots qui envahissent. La
» superstition, qui s'empare de tout dans ces con-
» trées, n'a pas été sans faire profit de la folie de
» mademoiselle de Kerloën. Avant le fatal événe-
» ment, elle était un bon ange pour tous ; depuis, on
» la redoute. Il aurait bien pu lui en arriver malheur,
» voyez-vous ; car, dans la lande bretonne, la nature
» est grossière. Le marquis et le vénérable recteur
» Evan de Tréguier ont eu la pensée de repousser la
» superstition par la foi. Marie porte à son cou une
» amulette, c'est un morceau de la vraie croix. Il la
» défend contre toutes les attaques. C'est une
» croyance, dans le pays, que l'homme qui outrage-
» rait la folle des grèves serait à l'instant frappé d'un
» grand malheur. »

— Vous avez bien raison, Monsieur, interrompit
le marinier. Le pauvre Tanoël en est mort, et c'est
une chose qu'on ne peut pas nier. Une fois il ren-

contra la folle en rentrant chez lui. Ce soir-là, il
avait bu plus de genièvre que de coutume. Il s'approcha d'elle, et s'avisa de la menacer. Le lendemain,
son âme vira de bord; il périt dans une tempête.

On touchait à la rive; les deux amis s'élancèrent
sur le rivage, et rentrèrent au château de Lhoërtel.

V

On était réuni dans le vieux salon de Kerloën; il
était tel que l'avaient possédé les ancêtres du marquis. On se rappelle sans doute qu'aux jours de la
révolution, M. de Kerloën avait eu la prudence de
vendre ses propriétés, et d'en faire passer les valeurs
à Londres. L'acquéreur était un homme du *progrès*,
qui fut commissaire à Nantes, et sut faire, par bas-
sesse ou par fermeté, respecter ses acquisitions;
mais, comme tous les parvenus, le citoyen Gondreuil
ne sut pas modérer ses prodigalités luxueuses, et fut
bientôt écrasé de dettes. A la déclaration de l'am-
nistie, son château allait passer entre les mains de
ses créanciers. Le marquis rentra en France, et ra-
cheta son patrimoine. Voilà du moins ce qu'il conta
à ses hôtes avec plus de prolixité que nous n'en avons
mis. Puis il fit naturellement l'histoire de son émi-

gration, le vieux gentilhomme, du jour où il dut se
cacher pour échapper aux fureurs de la République,
et de la trahison qui le livra à ses ennemis. Le nom
du traître seul fut passé sous silence.

Tandis qu'il parlait ainsi, le regard d'Albert était
flamboyant, sa poitrine oppressée ne respirait qu'avec
peine. Il attendait, il attendait toujours. Le marquis
ne dit pas un mot de son frère. Hors de lui, en entendant pour la seconde fois le récit des mêmes mal-
heurs, il allait éclater et interroger M. de Kerloën.
Il sortit et s'enfonça dans le jardin... L'air de la nuit
rendit le calme à son cœur agité.

Tout-à-coup, au détour de l'allée, une ombre se
dessina. La folle des grèves vint à lui, et le prenant
par la main, le reconduisit au salon.

L'entretien avait changé. Compte fut demandé à
Delbourg de sa disparition subite. Il prétendit un
éblouissement, auquel il était fort sujet, et l'on ne fit
pas d'autre attention à cet incident.

On se retira bien tard à Lhoërtel; rentré dans son
appartement, Albert traîna son fauteuil devant la
fenêtre et s'assit. Tout autour de lui faisait silence;
les murmures de la mer se mêlaient seuls aux cris de
quelques lugubres oiseaux de nuit. Il appuya sa tête
sur le châssis de la croisée, et se prit à réfléchir.
Toutes ses pensées étaient confondues, rien n'arrivait
bien clair à son esprit; une seule question se dres-

sait devant lui pressante, anxieuse : son père accusait le marquis de Kerloën ; était-il coupable ? Il ne se le fût pas demandé à Paris ; mais depuis qu'il connaissait son oncle, il avait une répugnance horrible à le croire perfide : chaque jour prolongeait ses incertitudes. Le lendemain ne lui réservait-il pas quelque affreuse vérité ? Ses idées prirent peu à peu un autre cours ; son imagination le transporta loin, bien loin de la Bretagne, elle laissa de côté Paris devant son vol, et vint s'abattre doucement dans les oseraies de la Garonne. Oh ! son enfance perdue, les baisers de son père, les instructions si saintes, si maternelles de M. le curé de La Réole, comme tout cela avait fui pour le laisser dans un monde inconnu, où la lutte le saisissait dès le premier pas. Il se mit à genoux, et ses prières ferventes montèrent vers celui de qui vient la résignation quand il n'envoie pas le calme. Son sommeil fut paisible, et, dès l'aurore, il descendit sur la grève résolu de regagner au plus tôt le manoir paternel.

Tous les amis furent ensemble quelques instants après, et l'on profita de la pureté de l'air et des calmes ondulations de la mer pour faire une promenade matinale. Deux yoles les attendaient. Dans l'une montèrent madame de Langeac, mademoiselle de Kerloën, son père et Albert. L'autre fut occupée par M. de Langeac, M. Evan et Marie. Celle-ci s'accroupit aux pieds du pasteur et se mit à chantonner son air favori.

Albert était pensif, et le marquis regardait tristement les flots.

Delbourg rompit le silence.

— La grotte qui vous servait de retraite a-t-elle disparu? demanda-t-il au marquis.

— Non, je l'ai revue depuis mon retour, une seule fois, il est vrai, parce qu'il s'y rattache un souvenir que je n'aime pas à me rappeler. Si vous y tenez cependant, nous pourrons y pousser une reconnaissance.

— Mais si vous y rencontrez des idées qui vous affligent?

— Qu'importe! nous pourrons d'ailleurs nous borner à la *Grotte-du-loup.* On aime, dans le bonheur, à revoir les lieux où l'on a souffert; et, n'était cette horrible pensée, mes visites y seraient plus fréquentes.

M. de Kerloën se leva et dit quelques mots au marinier. Celui-ci vira de bord, et on louvoya du côté de la falaise. Nos voyageurs s'élancèrent bientôt sur la rive. M. de Kerloën prit les devants, et l'on s'achemina tristement sur ses pas. Il semblait préoccupé. Son front, si calme d'ordinaire, s'était plissé malgré tous ses efforts, et son visage trahissait une émotion profonde.

— Tenez, Messieurs, voici l'endroit où, dans ce malheureux temps, je venais chercher les moules que la mer laissait sur le rivage. C'était mon unique nourriture avec quelques mouettes que je tirais au vol, et, plus d'une fois, sur mon honneur, j'ai regretté les repas que je faisais alors. Malgré les craintes incessantes dans lesquelles j'étais obligé de vivre, dressant l'oreille à tous les bruits, j'étais quelquefois bienheureux. Je me souviens que le soir j'avais le cœur plus libre, je bénissais le ciel du jour que je venais de passer. Rien ne met la foi dans l'âme comme le malheur! Le matin, j'implorais encore un jour de la miséricorde divine, et Dieu m'exauça bien en partie, car il m'avait envoyé un ami fidèle. C'est un étranger que j'avais accueilli au château, alors qu'il n'avait ni feu ni lieu, mais dont le dévouement à toute épreuve me paya de tous mes bienfaits. Voilà la grotte, Messieurs; c'est là que je vécus pendant près d'un mois. Voyez, dit-il en écartant de sa canne les broussailles qui en cachaient l'entrée, un homme ne peut s'y tenir debout, et cependant j'y ai trouvé de bonnes nuits, quand la fatigue avait brisé mes membres, je m'étendais là. Cette pierre est celle sur laquelle j'appuyai ma tête; celle-là soutint le pain que m'apportait Yvon. Cela ne dura pas longtemps. Un soir, les soldats guettèrent mon retour, et...

— Mais quelqu'un vous avait donc trahi? s'écria Albert.

— Trahi ! vendu... un misérable, foulant aux pieds quatorze siècles de fidélité.

— C'était un gentilhomme ?...

— Un gentilhomme ! Monsieur, la Bretagne dans sa noblesse ne compte pas de traître... C'était un cadet de famille, qui, pour sauver sa tête, sacrifia la mienne. Albert demeurait attéré et ne pouvait comprendre.

— Et son nom, dit M. de Langeac ?

— Il est là, murmura le vieux gentilhomme en portant la main sur son cœur. Je lui ai pardonné.

— Ne serait-ce pas Yvon, cet étranger, votre ami ?

— Non, Monsieur, il était plus que cela ; mais c'est bien assez pour ma pauvre tête, dit-il, retournons.

— C'est la seule grotte qui soit dans ces rochers ? hasarda Delbourg.

— Il y a encore celle de *l'autre,* à deux cents pas environ ; je ne l'ai pas revue depuis ma rentrée en France. Suivez-moi, Mesdames ; vous pourriez nous attendre.

Et ils s'enfoncèrent dans les broussailles qui s'élevaient de tous côtés presque à hauteur d'homme. A droite et à gauche les rochers les dominaient de leurs masses imposantes ; le passage était même si étroit qu'on se prenait à douter qu'un homme eût jamais

passé par là, et qu'ils formaient une voûte au-dessus
de leurs têtes. Ils allèrent ainsi quelque temps ; puis
la route se brisa à angle droit, et les rochers étaient
si voisins l'un de l'autre qu'une seule personne put y
passer à la fois. Dans cette espèce de col, masqué
par le lichen, les ronces et une foule d'autres herbes
grimpantes, s'enfonçait une anfractuosité sombre et
sauvage.

Le marquis pâlissait sensiblement, ses forces l'a-
bandonnaient peu à peu. Il fut obligé de s'appuyer
contre la paroi du roc. Albert, qui s'avança pour le
soutenir, était lui-même pâle, livide.

— C'est là, dit-il, qu'il se cacha. Un jour, il porta
ses pas un peu trop loin ; les soldats, qui étaient à sa
recherche, se saisirent de lui. La vie lui fut promise
et ma retraite livrée.

L'identité de ce récit et de celui de son père jetait
la confusion dans l'esprit d'Albert. Les deux frères
s'accusaient réciproquement du même crime ; il devait y avoir là quelque mystère également inconnu
à tous deux. Il se promit de le pénétrer.

En revenant, M. de Kerloën raconta comment il
avait recouvré la liberté. Enfermé dans un cachot
souterrain du manoir, il s'évada facilement. Par un
hasard des plus heureux, la salle où il fut conduit
avait une issue connue de lui seul. Il quitta le souterrain, et vint de nuit jusqu'au bord de la mer. Une

barque était amarrée au rivage, il s'en servit et
gagna le large. Un vaisseau, sous le vent duquel il
naviguait, le recueillit à bord et le transporta en Angleterre.

VI.

Cependant le colonel Delbourg, inquiet du sort de
son fils, avait écrit à Paris, et la nouvelle qu'il reçut
le frappa comme un coup de foudre : Albert était en
Bretagne. Sa santé, ruinée déjà par tant de fatigues,
s'altéra sensiblement. Le voilà donc seul désormais;
celui qu'il aimait tant l'abandonne, brave ses ana-
thèmes, et s'unit à ses plus détestés ennemis. Il appelle la mort tous les jours; que ferait-il de la vie
pour lui seul ? Mourir sans avoir embrassé son fils à
qui il a tout sacrifié, et qui lui jette à la face la plus
noire ingratitude! Il se renferma dans sa demeure et
ne vit plus personne. Le curé de Langon fut seul
admis auprès de lui; c'était un vieil et digne pasteur
qui, lui aussi, avait porté sa croix; et ses consolations, si elles ne purent fermer la plaie, en adouci-
rent au moins l'âcreté. Néanmoins, le colonel lui
confia tout, et M. Larrey put arrêter la malédiction
sur ses lèvres. Il écrivit au jeune Delbourg.

8

Le jour où Albert reçut cette triste missive fut un jour de deuil pour les habitants de Lhoërtel et de Kerloën, dont il avait su gagner toutes les affections. Chacun se ressentit du coup qui le frappait; il fallut partir, on le suivit jusqu'à Tréguier, M. de Langeac poussa jusqu'à Pontivy et lui dit adieu sans avoir réussi à lui donner un peu d'espoir.

Albert arriva bientôt à Langon, et se hâta de courir vers son père; il allait égaré, tremblant, ses habits étaient couverts de poussière et son front de sueur; il marche, il aperçoit les ruines du château... tous les contrevents sont fermés... son cœur frémit... il s'élance, le pasteur était debout sur le seuil, les larmes aux yeux, les bras croisés sur la poitrine.

— Mon père! s'écria Albert.

— Trop tard! murmura le prêtre d'une voix triste. Mort ce matin avec une bénédiction pour son fils, et un pardon pour son frère.

Il ne put en entendre davantage et tomba évanoui. Sa maladie fut longue. Gertrude, qu'il avait soupçonnée de haine à son égard, le soigna comme l'eût fait une mère. M. Larrey veilla au chevet du fils, comme il s'était assis à celui du père, lui donna tout le temps qu'il put dérober à ses ouailles; et grâce à ses onctueuses paroles, le désespoir d'Albert se calma. Une douce mélancolie s'empara de son âme; mais qui l'eût reconnu, le pauvre jeune homme, lui

si brillant naguère, dont la présence excitait partout
de sympathiques murmures? qui l'eût reconnu dans
cet être pâle, maladif, se traînant à peine jusqu'au
banc de pierre, devant son habitation, pour jouir
d'un rayon de soleil, ou jusqu'à l'asile funèbre où
son père dort sans aurore mortelle, appuyé sur le
bras du vénérable vieillard qui l'a presque choisi
pour son fils? Ils priaient tous deux. Albert avait
appris de son consolateur de ces douces paroles, de
ces touchantes croyances qui font la solitude moins
amère. Entre la douleur et lui, il y avait l'Evangile.

Cependant sa jeunesse, les soins de ses deux amis
lui rendirent peu à peu la force passée... il revint à
la vie frais et robuste, comme aux premiers temps;
mais dans le calice des fleurs il est un ver qui ronge;
ainsi la douleur minait l'âme d'Albert.

Les jours s'écoulaient aussi bien tristes en Bretagne. L'hiver secouait ses frimas sur les dunes; le
ciel, immense linceul grisâtre, étendait sa monotonie
sur les murmures sourds de l'Océan; les mouettes
disparaissaient voltigeant dans les tourbillons de
neige; la rive était solitaire. A Lhoërtel, on se pré-
pare à partir pour Paris, on se claquemure à Kerloën
contre les rigueurs de l'hiver.

Une misérable cabane s'élève sur le bord de la
mer, à quelques pas environ du cap de Claire. C'était
l'habitation d'un pêcheur que soutenait la bienfai-

sance du marquis de Kerloën. Le marquis croyait
devoir à cet homme une grande reconnaissance,
parce qu'au temps de la Révolution il lui avait chaque jour porté dans sa retraite le pain qu'il ne pouvait se procurer par lui-même. Ce n'est pas qu'il ne
lui eût même alors largement payé ses services;
mais la gratitude, comme la haine, étant un sentiment inné dans son âme, il se serait cru également
coupable d'oublier un service ou une injure. Cet
homme, vous l'avez reconnu, c'était Yvon. Il voyait
la mort s'avancer, il avait appelé auprès de lui M. le
recteur Evan, de Tréguier. Leur entrevue fut longue; il avait à faire de terribles aveux. Monsieur
Evan effraya sa conscience, et finit par exiger qu'il
répétât sa déclaration à M. de Kerloën, puisque ses
fautes l'avaient atteint si gravement. Alors tous les
mystères furent dévoilés. Le marquis s'assit au chevet du moribond et lui pardonna. Puis cet homme
lui raconta tout.

— Monsieur le marquis, j'ai voulu bien souvent
vous dire ce que j'ai sur la conscience. Mais j'avais
une femme et des enfants, vous m'auriez retiré vos
bienfaits... Car, voyez-vous, je suis un monstre. Vous
vous rappelez sans doute l'époque où vous avez
quitté le château, vendu alors au citoyen Gondreuil...
Sur votre prière, il me garda à son service. Hélas!
monsieur le marquis, vous n'avez jamais eu pour moi

que des bontés ; je les ai payées de la plus noire ingratitude. Monsieur Gondreuil s'aperçut des fréquentes visites que je faisais aux Roches, il ne savait pas
le lieu de votre retraite. Il m'offrit de l'or. Oh! je
suis un misérable, monsieur le marquis, vous allez
me maudire.

— Je vous ai déjà pardonné; après?...

— Eh bien! c'est moi qui conduisis les soldats à
votre caverne.

— Et mon frère?...

— Votre frère, le pauvre M. Edgard, était toujours dans sa retraite. Nous passâmes devant lui.
Les soldats s'arrêtaient; moi, je leur dis de pousser
plus loin, parce que j'espérais une autre récompense,
si je livrais votre frère.

— Et lui?...

— Je me cachais, monsieur le marquis, pendant
qu'on vous emmenait, pour éviter ses regards; et, le
matin, lorsque je descendis dans votre cachot, je
vous dis que votre frère vous avait trahi. A lui aussi,
monsieur le marquis, je dis que vous aviez livré sa
retraite pour sauver vos jours.

— Misérable...

— Ah! vous voyez bien que vous me maudissez...

— Non, je vous pardonne.

— Bien souvent j'ai voulu vous dire cela, surtout
lorsque j'ai vu que vous détestiez tant ce pauvre

M. Edgard... mais je n'osais pas, j'avais une femme
et des enfants.

Yvon cessa de parler. M. de Kerloën se disposait à
sortir.

— Votre main, murmura le malade, avant que je
meure.

M. de Kerloën fit un geste de répugnance, le recteur le regarda ; il lui tendit la main.

Quand il rejoignit M. de Langeac, il y avait de la
joie sur son visage, de la joie et du remords. Ce frère
qu'il avait tant maudit, sans jamais le haïr, venait
d'expirer loin de lui, loin de son fils, sans qu'un mot
de réconciliation les eût tous les deux précédés au
ciel.

M. de Kerloën confia ses regrets au recteur Evan,
à M. de Langeac, et les conseils qu'il reçut d'eux
portèrent à son âme un peu de repos; ce n'était pas
la paix encore.

Par suite des événements qui venaient de s'écouler, Albert Delbourg se trouvait l'unique héritier de
la famille des Kerloën.

— Le nom, dit le marquis, va mourir avec moi, et
ce château qui, depuis tant d'années, domine
l'Océan, dont les ruines parlent haut dans les fastes
de la gloire bretonne, ne sera plus que la retraite
d'une enfant dont l'avenir assombrit mon âme à ses
derniers jours.

Le vénérable curé de Tréguier avait partagé les douleurs et les joies de M. de Kerloën; son avis pesait beaucoup dans ses décisions; et il fut résolu que le mal involontaire serait réparé, que l'union des enfants rachèterait la division des frères. Albert n'avait plus aucune raison pour conserver un nom qui n'était pas le sien, quelle qu'en fût la gloire. Kerloën pouvait avoir encore de beaux jours, et le marquis avouait que les brillantes qualités de son neveu suffisaient à la fois à ses exigences de gentil-homme et de père, s'il reprenait tous les titres de ses ancêtres.

VII

Les cloches de Tréguier sonnaient de joyeuses volées le 9 septembre 1833; la petite ville avait un air de fête inaccoutumé; on se pressait, on s'arrêtait dans les rues, aux abords de l'église, et la foule sem-blait plus compacte vers la route qui conduit au châ-teau de Kerloën; vers dix heures du matin, des voitures nombreuses pénétrèrent dans la cité bre-tonne; la première conduisait monsieur de Langeac et Albert, comte de Kerloën; dans la seconde, le vieil émigré et sa fille. Le visage du gentilhomme rayonnait de bonheur, il souriait au peuple dont

l'affluence entravait sa marche. Ne venait-il pas,
comme il le disait lui-même, de reconstruire l'antique manoir de Kerloën, d'apaiser la mémoire d'un
frère calomnié, d'assurer le bonheur des seuls êtres
qu'il laissât sur la terre ?

Les cendres du colonel Delbourg durent tressaillir
au fond de sa tombe, et son âme sourire du haut du
Ciel à la cérémonie sainte qui effaçait une tache à
l'écusson des Kerloën, et devenait, pour le fils qu'il
avait bercé au milieu des champs de bataille, un
gage de sécurité et de bonheur.

ENFANCE DE DU GUESCLIN.

Non loin de Rennes s'élevait, en 1330, un château habité par un noble seigneur et sa famille. Le château s'appelait de la Motte-Broon ; le châtelain, le sire Du Guesclin. Ce noble seigneur avait plusieurs enfants, et parmi eux l'aîné, nommé Bertrand, faisait le désespoir de sa famille. C'est qu'en effet ce petit garçon était si mutin, si querelleur, si méchant, que chaque jour c'étaient de nouveaux sujets de chagrin pour sa mère. Abusant de sa force et de son âge, il battait ses frères, ses sœurs, au lieu de les protéger et de les aimer, eux qui étaient faibles et plus petits que lui.

Il courait les champs armé d'un bâton, poursuivant les petits paysans, leur cherchant querelle, se battant avec eux ; et souvent, trouvant plus fort que lui,

8.

il rentrait le visage ensanglanté, les vêtements en lambeaux. Il était furieux d'avoir été vaincu ; mais pas une larme ne trahissait sa colère.

Un jour deux enfants revenaient ensemble ; c'étaient le frère et la sœur. La petite fille portait quelque chose dans un petit panier tout environné de mousse et recouvert de feuillage. A voir la précaution qu'elle mettait à porter son panier, on pouvait juger de la fragilité de la chose ou de l'affection qu'elle y portait. Au détour d'un chemin, ils rencontrèrent Bertrand qui, le sourcil froncé, les cheveux en désordre, venait à eux en abattant avec son bâton toutes les plantes ou fleurs sauvages qu'il rencontrait.

Le fils de monseigneur Du Guesclin s'arrêta tout net devant les enfants, qui auraient bien voulu fuir à sa vue ; mais ils étaient si près de lui qu'il n'y avait aucun espoir de lui échapper.

— Ah ! c'est vous, petits, dit Bertrand ; d'où venez-vous donc comme cela ?

— Mais, monsieur Bertrand, dit le petit paysan, nous revenons du bois, et nous rentrons à la maison de notre père.

— Et qu'allez-vous donc faire au bois ?

— Dam ! cueillir des noisettes et dénicher des oiseaux.

— Ah ! ah ! Et en avez-vous, des noisettes ? Et les

oiseaux, c'est sans doute ce que porte la petite dans ce panier?

A ce mot, la petite avait caché précipitamment le panier avec son tablier; mais Bertrand, l'arrachant brusquement de ses mains, s'était écrié :

— Je veux voir, moi, ce qu'il y a dans ce panier!

Les petits oiseaux dérangés avaient poussé de petits cris plaintifs.

Pendant ce temps Bertrand avait posé le panier à terre, et y plongeant la main, il en avait retiré deux petits pinsons encore jeunes, mais cependant déjà couverts d'un léger duvet.

— Mais ces oiseaux sont à moi, reprit Bertrand; tu les as pris sur les terres de mon père; par conséquent...

— Vous vous trompez, monsieur Bertrand, je les ai trouvés au bord du ruisseau, sur un néflier, et bien loin des terres de Monseigneur.

— Eh bien! s'ils ne sont pas à moi, je les veux.

— Oh! Monsieur, dit la petite fille, je vous en prie, laissez-les nous.

— Eh! tu m'ennuies, toi; tu ne les auras pas.

A ces mots, le petit paysan releva la tête, et voyant que la prière était inutile, il s'écria :

— Relève-toi, sœur; c'est bien inutile de supplier monsieur Bertrand : il est trop méchant pour céder à une prière.

— Ah! c'est comme cela! dit le fils du seigneur; eh bien! personne n'aura la joie de les avoir.

Et prenant les oiseaux dans ses deux mains, il les étouffa. Les pauvres petits poussèrent un faible cri; ils étaient morts.

Bertrand ouvrit ses mains, elles étaient pleines de sang, il rejeta les cadavres aux pieds de la petite fille.

A cette vue l'enfant s'était mis à sangloter. Le petit paysan laissa tomber sa pierre, atterré qu'il était de tant de méchanceté; puis regardant Bertrand, qui souriait d'un air farouche, il lui dit :

— Ce que vous venez de faire là est une cruauté, Monsieur, et je n'ai pas le courage de vous en punir; Dieu, je l'espère, se chargera de la punition.

Et ils s'éloignèrent. Bertrand les suivit de l'œil, et quand ils furent à distance, il murmura entre ses dents :

— Va, je ne te crains pas, tout grand et fort que tu es; si jamais je te rencontre seul à seul, et que j'aie mon bâton, nous verrons qui des deux aura la victoire.

Et il retourna au château en sifflant un air de guerre qu'il avait appris des palefreniers de son père.

Avant d'aller plus loin, il est bon de faire le portrait du jeune Bertrand Du Guesclin.

A tant de méchanceté, il joignait une laideur repoussante. Bertrand avait une tête énorme, toute couverte de cheveux épais et rudes qui retombaient en mèches touffues sur un front proéminent; ses yeux enfoncés dans l'orbite et couverts de sourcils épais étaient toujours animés d'un sentiment de colère; son cou était enfoncé dans ses épaules; enfin, gros et trapu, il annonçait la vigueur, mais sans grâce et sans souplesse. Loin de chercher à rendre aimable et douce cette figure si dure et si sauvage, Bertrand semblait prendre à tâche d'en augmenter la laideur par un désordre et une malpropreté sans pareils. Toujours sale, toujours déchiré, il était l'effroi de tous et le désespoir de ses parents.

— Voilà un garçon qui fera peu d'honneur au nom qu'il porte; autant vaudrait-il qu'il fût mort en naissant que de souiller un jour le nom de ses pères, comme il le fera sans doute.

Bertrand, qui entendait tous ces reproches, qui voyait toutes ces haines s'accumuler sur sa tête, n'en continuait pas moins à vivre en guerre ouverte avec tout le monde. C'étaient des combats sans cesse renouvelés, des luttes continuelles, et, vainqueur ou vaincu, jamais le vaurien ne venait s'en vanter ou s'en plaindre à son père; car il savait bien qu'il ne serait ni loué en cas de victoire, ni protégé en cas de défaite : aussi s'en remettait-il à lui seul du soin de sa vengeance.

Le sire Du Guesclin, en apprenant les méchancetés de son fils, le fit enfermer dans une salle basse du préau, et le laissa là plusieurs jours au pain et à l'eau. Pendant tout le premier jour, on entendit le mauvais sujet chanter et rire, mais ces chansons, mais ces éclats de joie étaient forcés, et l'on devinait la fureur qui agitait le cœur de cet enfant. Deux jours après, il était parvenu jusqu'à une fenêtre assez élevée, et, l'ouvrant, s'était précipité dans les champs d'une hauteur de douze pieds environ; puis, fuyant le château, il s'était réfugié dans un bois. Le soir venu, il avait eu faim, et s'avançant jusqu'à un hameau qui avoisinait le château, il avait été demander du pain aux villageois; mais tous, qui le craignaient et le haïssaient, lui en avaient refusé; l'un d'eux même l'avait chassé en le menaçant. Bertrand s'en revenait donc tout triste, lorsqu'il vit accourir derrière lui une petite fille. Elle s'approcha de lui, et aussitôt il la reconnut pour celle dont il avait tué les oiseaux quelque temps avant. Cette fois encore elle portait quelque chose dans son panier.

— Ah! c'est encore vous, petite; où allez-vous si tard?

— Monsieur Bertrand, reprit la petite paysanne,

qui s'appelait Marie-Jeanne, je viens vers vous pour...

— Et que me voulez-vous? reprit Bertrand d'un ton bourru.

— Vous êtes venu tout-à-l'heure à la maison, et mon père vous a renvoyé. Vous demandiez du pain : je vous en apporte, et mon souper avec.

— Vrai? vous ne me trompez pas? reprit Bertrand.

— Oh non! voyez plutôt.

Et entr'ouvrant son tablier, elle montra un énorme morceau de pain, avec des fruits et un petit fromage de brebis tout frais.

Pour la première fois de sa vie, Bertrand était ému; il prit les provisions, en emplit les poches de sa jaquette, et s'en alla en lui disant :

— Comment t'appelles-tu?

— Marie-Jeanne, monsieur Bertrand.

— C'est bon; je me souviendrai de toi et de ton nom.

Et il s'en alla le cœur joyeux.

A cent pas de là, il rencontra une troupe de petits paysans qui revenaient de la promenade; à leur tête était Pierre, le frère de celle qui venait de lui donner son souper.

— Ah! c'est Bertrand le méchant! s'écria-t-il; mes

amis, nous sommes en nombre, vengeons-nous de toutes ses surnoiseries et méchancetés.

Bertrand s'avança d'un air résolu.

— Je ne vous dis rien aujourd'hui; laissez-moi passer.

— Non, non, vous ne passerez pas, et nous nous vengerons! reprirent-ils d'une seule voix.

Bertrand restait calme en apparence au milieu de l'orage qui planait sur sa tête; puis, prenant la parole, les yeux animés, la bouche méprisante, et assujétissant dans sa main le bâton noueux qui ne le quittait jamais, il s'écria :

— Eh bien! voyons, je vous défie.

A cette parole, tous les enfants se précipitèrent sur lui, mais pas assez rapidement pour qu'il n'ait eu le temps de repousser celui qui était devant lui, de se jeter hors du cercle qui l'enveloppait, et, fuyant quelques pas, de s'adosser à un arbre et de faire tête à l'orage. Tous se jetèrent sur lui et l'accablèrent de coups de pierre, malgré le courage merveilleux qu'il déploya. Enfin, atteint par une pierre qui le frappa à la tête, il tomba baigné dans son sang. A cette vue, les enfants s'enfuirent, l'abandonnant seul à l'entrée de la nuit.

Pierre, en rentrant, raconta le fait à son père; et le bon paysan, craignant que ce méchant garnement ne mourût, oublia sa méchanceté, et, suivi de son fils qui portait une lanterne, il se dirigea vers le lieu du combat. Ils trouvèrent Bertrand encore évanoui. Le père alors le prit dans ses bras et l'apporta à sa chaumière.

On le coucha dans le lit de Marie-Jeanne, et quand il revint à lui il fut tout étonné de voir la petite fille bassiner son front avec de l'eau tiède où étaient infusées des herbes aromatiques.

Il tourna les yeux vers elle, et lui dit d'une voix plus douce que de coutume :

— Vous êtes bonne, ma petite Marie-Jeanne !

Le lendemain, il voulut se lever et retourner chez son père ; il serra la main de la petite fille, mais il ne voulut voir ni le père qui l'avait la veille si durement repoussé, ni Pierre qui l'avait battu.

Il revint au château, et fut réintégré dans sa prison. Il y resta huit jours entiers, sans vouloir implorer un pardon qu'on eût accordé aisément.

Quel chagrin pour cette pauvre mère de voir son premier-né si méchant, si cruel, si querelleur ! quelles larmes elle versait lorsqu'elle se voyait si mal récompensée des soins maternels qu'elle avait prodigués à ce méchant garçon, lorsque, assise auprès de son berceau, alors qu'il était malade, elle suivait tous ses mouvements, épiait ses soupirs ou les convulsions de son visage, pour les calmer par ses caresses et ses baisers ! et aujourd'hui elle en

était venue à presque haïr cet enfant qu'elle avait
tant aimé ! Ah ! il fallait qu'il fût bien méchant pour
éteindre dans le cœur de sa mère l'amour qu'elle
avait pour lui !

Après cette punition, Bertrand, pendant quelques
jours, fut plus tranquille, moins colère, et déjà ses
parents espéraient de le voir revenir à de meilleurs
sentiments. Hélas ! ce n'étaient encore que de trompeuses illusions. Un jour, à la suite d'une nouvelle
incartade, la dame Du Guesclin, ordonna au maître-
d'hôtel de saisir Bertrand et d'aller l'enfermer dans
le cachot noir pour le punir de sa méchanceté. Mais
Bertrand courut se cacher derrière un immense
rideau qui masquait une fenêtre ; et comme au même
instant entrait une visite, on oublia cet incident.
C'était une bonne religieuse, du nom de sœur Marie,
qui venait souvent voir madame Du Guesclin, et
dont tout le monde se plaisait à admirer les vertus
et la sagesse. Sœur Marie fut la bienvenue, et alla
s'asseoir près de la dame du château. Après les premiers compliments, la religieuse aperçut Bertrand,
l'œil encore enflammé de colère, et qui se tenait
caché derrière le rideau. Elle ne l'avait jamais vu ;
car comme je vous l'ai dit, on chassait Bertrand des
salles de réception aussitôt qu'il venait des visiteurs,
tant il aurait fait honte par ses manières sauvages,
par sa malpropreté et ses vêtements toujours en

lambeaux. Ignorante de ce qu'il était, la religieuse fut frappée de cette physionomie sauvage ; et l'appelant à elle pour l'examiner de plus près, elle lui prit la main, lui fit quelques caresses, et lui dit même quelques douces paroles. Bertrand, qui n'avait entendu personne le si bien traiter, s'imagina que sœur Marie voulait le railler, et la menaça de son bâton : mais la bonne religieuse ne s'effraya point de cette menace, l'attira à elle de nouveau, écarta les rudes mèches de cheveux qui couvraient ce front sauvage, et s'écria :

— Voilà un front qui dit bien des choses ; cette physionomie, toute sauvage et inculte qu'elle est, laisse lire ce que deviendra un jour cet enfant. Ou je me trompe fort, ou bien il se distinguera parmi les plus braves capitaines et parmi les hommes les plus illustres de son siècle.

— Hélas ! bonne Marie, vous vous trompez, reprit en pleurant la dame de la Motte-Broon : cet enfant est le mien, c'est mon fils aîné Bertrand ; mais il est si méchant qu'il ne se complaît qu'à mal faire, et le sire Du Guesclin et moi craignons qu'il ne déshonore un jour sa famille.

Bertrand, rouge de colère, se taisait cependant, et écoutait les reproches de sa mère.

— Allons, dit sœur Marie, il ne faut jamais désespérer ; Bertrand deviendra meilleur. N'est-ce pas, petit ?

L'enfant ne répondit point.

— Devenir meilleur! reprit la mère. Ah! vous ne le connaissez pas; il est devenu si odieux à son père que souvent il quitte le château pour ne pas le voir; et moi-même je sens mon affection diminuer de jour en jour.

Alors la dame Du Guesclin raconta la scène qui venait de se passer, et dont son arrivée seule avait arrêté la punition. Pendant ce temps, la religieuse considérait attentivement Bertrand, qui, les yeux baissés, la tête inclinée, écoutait sans mot dire les reproches de sa bonne mère. Son bâton était tombé de ses mains. Sœur Marie lui fit de douces remontrances, et, pour la première fois de sa vie peut-être, il les écouta sans se récrier et sans entrer en fureur. Enfin elle termina en engageant sa mère à lui pardonner cette fois encore, et à espérer de lui une meilleure conduite à l'avenir.

Bertrand se retira en faisant un léger salut. Mais c'était déjà beaucoup pour lui, si peu habitué aux usages de la politesse.

— Mère, lui dit-il, le fruit qui ne mûrit jamais ne vaut rien; le fruit qui mûrit tard est toujours bon.

A quelque temps de là, le sire Du Guesclin revint de la guerre à laquelle l'avait entraîné son suzerain. En apercevant Bertrand, il lui fut facile de reconnaître un tel changement qu'il hésitait à le croire ce même enfant qui naguère encore faisait son désespoir. Bertrand était bon, docile, prévenant; vêtu d'une jaquette de velours bleu et d'une toque pareille, il prenait grand soin de ses vêtements, et se gardait de toute malpropreté. Obligeant avec les domestiques, il était parvenu à se faire aimer de ceux-là mêmes qui l'avaient le plus haï.

Il avait fait sa paix avec tous les enfants du voisinage qui le redoutaient tant autrefois, et les disciplinait à sa façon; il en avait fait une petite armée qu'il faisait manœuvrer avec une habileté déjà remarquable. Bertrand était le général de ces bataillons armés de baguettes de coudrier et de bouleau en guise d'épée, et Pierre, le frère de Marie-Jeanne, était son lieutenant.

Pauvre père! qu'il fut heureux de voir son fils revenu à de si bons sentiments, et combien il bénit le ciel de l'heureux hasard qui l'avait ramené dans la bonne voie! Bertrand le mena dans les prairies où manœuvrait sa petite légion, et le sire de la Motte-Broon fut émerveillé de la précision des mouvements, de l'activité, de la science même de ces mouvements. Bertrand était partout, à la tête, à la queue, gourmandant ceux-ci, encourageant ceux-là, et suant sang et eau pour arriver à une discipline sévère. Le bon seigneur apprit lui-même à son fils tous ces exercices du corps si nécessaires aux chevaliers de ce temps-là ; en peu de temps Bertrand devint un excellent cavalier. Il apprit à manier la lance, l'épée, la massue, et il était heureux de voir avec quelle facilité il profitait de ses leçons.

— Oui, disait-il alors, mon Bertrand sera digne du nom qu'il porte ; oui, il mérite toute mon affection. Bertrand grandissait cependant en âge et en renommée, et souvent il disait :

— Je sais que je serai un des hommes les plus laids de France ; mais je veux être bon et brave, et l'on oubliera ma figure.

Du Guesclin fut un des plus grands capitaines de son siècle, et le roi de France Charles V, voulant honorer son mérite, l'éleva au grade le plus haut de cette époque, à la dignité de connétable.

Aussi bon que valeureux, aussi vertueux que brave, Du Guesclin sut conquérir l'estime et l'affection de ses ennemis eux-mêmes ; et lorsqu'il fut tué au siége de Randan qu'il attaquait, les Anglais eux-mêmes vinrent saluer le cercueil de ce généreux ennemi.

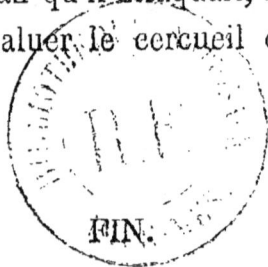

FIN.

TABLE.

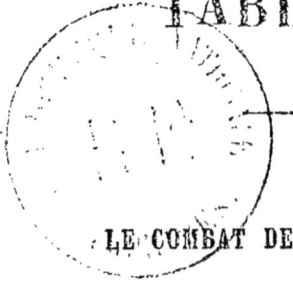

LE COMBAT DES TRENTE.

HISTOIRE DE JEHAN LEQUINIO.

LIMOGES ET ISLE.
Typographies EUGÈNE ARDANT et C. THIBAUT.